チラシで攻めて チラシで勝つ!

日本販売促進研究所
佐藤勝人

同文舘出版

はじめに

「佐藤さんはこれまで、いったいどこでマーケティングの勉強をされたのですか？」

最近、講演やセミナーなどで、参加者の方々から、よくこんな質問をされます。
何を隠そう私は、23歳まで何の才能もない、無能なダメ店長で、しかも不良少年でした。

1977年、中学1年の夏。

佐藤「先生、オレ、何で勉強しなくちゃいけないの？」

担任「いっぱい勉強していい高校、大学を出て、いい会社に就職するためだ！」

佐藤「マジで、そのために勉強するの？」

担任「そうだ佐藤！　今、一所懸命勉強していい高校や大学に入って、いい会社に就職したいだろう！」

佐藤「じゃあ、勉強しなかったらどうなるの？（当時の私にとっては、素朴で真面目な疑問だった）」

担任　「うるさい、いいから勉強しろ！　オマエみたいな馬鹿なことを言うやつはいない！　何でもいいからやるんだ！」

人間は、学校で勉強をしなかったらどうなるのだろうか？

それも、教科書に書いてあることを、意味もわからず丸暗記するだけの「学校勉強」――こんなことが、はたして本当に自分の将来の役に立つのだろうか？　という疑問でいっぱいでした。

そんなことから私は、１９７７年の中学１年の夏、学校の勉強に疑問を感じ、勉強することをやめることにしました。

もちろん、当時の私としては本当に、将来どうなってしまうのだろうか？　と、かなり不安でした。

それでは、さぞかし気合の入ったヤンキー人生だったかというと、自慢できるほどの輝かしいヤンキー人生だったわけではなく、気合・根性大嫌いという不良少年でした。

そんなわけで、何とか高校までは卒業させてもらうことはできましたが、こんな不良少年は学校の恥とばかりに、就職も進学もさせてもらえませんでした。

私はしかたなく、父が書いてくれた願書で、東京の写真専門学校に進学したのでした。

今思うと、世間体を気にした父の顔を立てるためだけの進学でした。

しかし、進学するにしてもお金がないということで、奨学金制度を使って、新聞配達をしながら写真専門学校に通いました。

しかし、そこでもあいかわらず、意味のない勉強の繰り返しでした。

その結果、学校のすべてに嫌気がさして、1ヶ月ほどで退学してしまいました。

はたして、自分は何がやりたいのか？

自分には何ができるのか？

何もわからず、ただブラブラと、遊ぶ金ほしさに適当にバイトをしていました。

バイト先では、社長や店長に文句を言っては即クビ！　悪さばかりしては即クビ！

そのうえ、本を読むのは大嫌いで、本なんて、生まれてから1冊も読んだことがないというありさまでした。

さらに、人の話などを聞くのも、もう学校だけで十分と考えていました。


しかし、現在の私の趣味が勉強と読書ということを考えると、勉強そのものが嫌いだったわけではなかったような気がします。

役に立つかどうかわからないことを、ただひたすら、テスト試験のためだけに丸暗記するという、勉強法そのものが嫌いだったのだと思います。

また当時、何の取柄もなかった私でも、友人たちの証言によると、夢だけは大きなことを語っていたそうです。


どんな人にも、人生の分かれ道というものがあると思います。

そこに、いつ気づくか！　いつやるか！　たったそれだけのことだと思います。

そう、人生には毎日のように数え切れないほどのチャンスがあるのです。

1日でも早く気づくことが大切なのではないでしょうか。

気づくためには、いろいろなことを学ぶことが必要です。

そして、どの道を選ぶかはあなたしだいです。


1983年の18歳の秋、父から「カメラ店（サトーカメラ）を手伝ってくれ」という1通の手紙が、私のアパートに届きました。

私は、カメラなど好きでもなければ、カメラ屋なんかやりたいとは、ただの一度も考えたことはありませんでした。

また、4人兄弟で次男坊の遊び人でしたから、なおさらカメラ屋を継ぐなんてことは、まったく考えたこともありませんでした。

当時、父は10坪ぐらいの、昔ながらのカメラ店を3店舗経営していました。

母が1人で1店舗、父が1人で1店舗、そしてもう1店舗の社員が辞めてしまったため、人手がなくなったのです。

父としては、私とは正反対の、当時大学3年生で、2歳年上の優秀な長男が卒業するまでの中継ぎのつもりだったのでしょう。

そんな18歳の私は、いきなりカメラ店の店長として、カメラ業界に足を踏み入れたわけです。

それから2年後の1985年の春、兄は大学を卒業してサトーカメラを継ぎました。

私は、やることがないというか、できることがないので、父の資金でとりあえず10坪の支店を出しました。

1人で気ままに店長をやっていた「個人商店」を、さらにかれこれ3年間続けました。

月の売上げは約100万円、私の給料はバブル期だというのに手取りで約7万円。

しかも、仕事にはやる気もない、遊ぶことだけが生きがいというダメ店長でした。

そんな1987年、22歳の春、私の店の近くに、想像を絶する規模のカメラの大型専門店がオープンしたのです。

私にとっては、まさに衝撃的な出来事でした。

しかも、カメラを売りまくっているらしい。

月商５０００万も売っているという情報もありました。

私自身、生まれて初めて見たカメラの大型専門店だったわけです。

当時の私でも、カメラ業界全体は衰退の一途をたどっている、という程度は知っていました。

しかし、目の前でカメラを売りまくっているカメラの大型専門店を見て、素直にうらやましく思いました。

また同時に、私には絶対にあんなことできないとも思いました。

私には何の才能があるわけでもないし、あんなに大きな店が出せるほどの資金があるわけでもなかったからです。ノウハウもなければ、ビジネスモデルなんてまったく知りませんでした。スタッフもいないし、大型店を運営することなんかできるわけがありません。

だからただ、「マジ？　スッゲー！」と、ただ他人事のように見ていました。

しかし、ここからが私の人生の分かれ道でした。

大繁盛のカメラの大型専門店を、毎日のように目の前で眺めることで、

「同じカメラ業界で、こんなにすごい商売ができるものなのか！」

「俺だって、できるものならやってみたい」

と、素直に思いはじめたのです。

そんな思いで、私は24歳になる直前の１９８８年12月、カメラの大型専門店を父の資金援助によって、兄と２人で、社員ゼロ、ノウハウゼロからオープンさせてしまったのです。

それから16年、３６５日24時間がむしゃらに、どんなことでも仕事に結びつけて考え、毎日の仕事から毎日の結果を知り、その原因を見つけ出して自分なりに分析し、そこから自分なりに推測し、自分自身で行動を繰り返し、自分で徹底することを続けていったのです。

そして気がついてみたら、たった１枚のチラシで、売上げを上げるノウハウを身につけていたのです。

チラシ１枚で、経営全般から社員教育、接客術にキャッシュフローにマーチャンダイジングにマーケティング、店づくり、売場づくりなどを、みるみる向上させる能力を身につけたのです。

さらに、チラシを通した地域戦略、エリアマーケティングまで身につけ、競合ライバル店が、自店の３倍、10倍、いや１０００倍以上の大きな会社でも、余裕で勝てる戦略能力までも得ることができたのです。

またきわめつけは、今のメンバーだけで、たった1枚のチラシを活用することで社員を育て上げて、他店に勝つことができるチラシ活用戦術能力まで、身につけてしまいました。

その結果、日本全国で類を見ないカメラ専門店として、県内シェア圧倒的ナンバーワンを8年連続奪取したのです。

もちろん現在でも、週に5日はサトーカメラ株式会社代表取締役専務として、現在進行形の経営・マーケティングを実践している、バリバリの現役経営者でもあります。

また、週に2日は経営コンサルティング会社、日本販売促進研究所の代表取締役を務め、現実に毎日の商売で起きている変化に対応しながら商売をし、そこから、その商売体験を即時にわかりやすい理論にまとめて体系化し、それをもとに日本全国で講演、セミナー、経営指導に飛び回る、経営コンサルタントとしても活動しています。

そしてその指導には、一方通行のお仕着せ戦略論は一切なく、毎回毎回、自分の実体験からの経験則をもとに、わりやすい理論に体系化したものを教えています。

あの頃、ろくでもない不良少年でありダメ店長が、今では365日24時間、仕事と勉強と読書が趣味の、バイタリティー溢れる経営者（笑）に変身してしまったのです。

そんな私の口癖は、「今の世の中、理想論なんてだれでもわかっている。そんな、できもしない、やりもしないことは言うな！　そんなものはどうでもいい」というものです。リアルな現実から起きた、目に見える事実だけをもとに分析し、目に見えない部分を究明して次を推測し、理論的にわりやすく体系化して実践する。

そんな現実の毎日の変化を、毎日の行動の中からキャッチする快感が、私の元気の原動力となっているのです。

今回も、とにかくわかりやすく、あなたの商売が「元気ハツラツ・楽しく・面白く」なるように、そして、すぐに使えるように、私自身のノウハウのすべてを体系化しました。

しかし、基本的に私は作家ではありませんので、文章そのものはど素人です。くどい内容、目障りな文章はどんどん飛ばしていってもらって、おいしいところだけ読んでいってください。

それでは、はいスタート！

チラシで攻めてチラシで勝つ！◉もくじ◉

はじめに

1章 あなたは販促をナメていませんか？

❶ 商売は、売らなければはじまらない……18
◎中小企業なりの販促を考えよう……18
◎販促の根本を認識しよう……19
◎商売は商品を売ることからスタートする……20
◎販売促進こそ、商売の中心……22
◎中小企業のあるべき販売促進とは？……23

❷ デザインにばかりこだわっている人に「売れるチラシ」はつくれない！……25
◎あるセミナーでの出来事……25
◎店に行ったことがない〝チラシ担当者〟……27

❸ 商品性能知識レベルだけでも「売れるチラシ」はつくれない！……30
◎「商品性能知識」＝「商品知識」ではない……30
◎まず、商品をリアルに知ることが大切……31

◎「深くかかわるお客」に育てよう……33
◎私が「深くかかわるお客」になった理由……34
◎お客にとってのチラシの利用価値とは何か……36
❹お客も商品も売場も熟知していないと、売れるチラシはつくれない……38
◎チラシ担当者の成長過程……38
◎チラシ担当者は、現場レベルまで熟知していなければならない……40
❺マーケティングの素人に、売れるチラシはつくれない……43
◎3種類のマーケティングを整理しよう……43
◎地域のマーケティングには順序がある……44

2章「売れるチラシ」をつくるのはだれか？

❶チラシ担当者レベルでは無理……48
◎売れるチラシにするためのステップ……48
◎主力商品で地域一番シェアを取ろう！……49
◎「弱者の法則」「強者の法則」……50
❷中小企業なら、売れるチラシは社長がつくれ！……53
◎だれがチラシをつくるべきか？……53
◎商売のプロがつくれば一番売れる！……54
❸チラシだけで売上倍増なんてあり得ない……55
◎チラシは「売上アップの決め手」となるか？……55

◎売上アップの決め手は「現場」にあり……56
◎「現場からの提案力」を磨こう……57
◎佐藤流売上倍増チラシの効果は？……59
◎売れるかどうかは、「売場の提案力」しだい……65
❹チラシは「経営者の考え＝社員＝商品＝お客様」をつなぐツール……67
◎中小企業ならではの「チラシ有効活用法」……67
◎チラシをつくる前に考えるべきこと……70
◎チラシは情報をつなげるツール……71
◎情報は、社員→お客様へと伝わっていく……72
◎チラシは売れる商品の魅力を引き出す……72
◎中小企業の商売の意義を再認識しよう……74

3章　だれに何を売りたいのかハッキリさせろ！

❶個人の〝好き嫌いレベル〟では商売にはならない……76
◎ウソくさい商売はやめよう……76
◎自分の得意な分野でスペシャリストになろう……77
❷最初はまったく売れなかった私の店……79
◎サトーカメラ、オープン初日……79
◎なかなかお客様が来ないのはなぜか？……80
◎明日からどうなるのか……？……81

◎それでも来ないお客様……83
◎「経営執念」が行動を変えた……85
◎もう「インチキ商売」はやめた！……87
◎県内ナンバーワンのカメラ超専門店をめざす……88

3 自店・自社の得意商品を見つけ出そう……90

◎得意商品で一点突破しよう！……90
◎シェアが、微々たる数字しか出てこない場合……91
◎自分が決めた得意商品なら一般常識に流されるな！……93
◎あなたの情熱が得意商品を決める……95
◎発想を変えるとこんな売り方ができる……97

4 商品へのこだわりが、店の存在感を大きくする……100

◎商品へのこだわりから売り方へのこだわりへ……100
◎売り方のこだわりで異色の小売店になる……101
◎こだわりの一品の、1店での販売量こそ商売の生命線……102

5 市場シェアが地域での認知度となる……104

◎あなたの商売のポジションを知ろう……104
◎女性客を呼び込むしくみと仕掛けをつくろう……105
◎自店のポジションを知り、それをうまく活かそう……107
◎市場戦略を立てよう……109

4章 チラシはみんなに受けようと思ってはダメ

❶自分の店をすべての人にわかってもらうことは不可能……112
◎中小店の売れるチラシとは……112
◎チラシ構成比は慎重に検討しよう……113
◎商売のスタイルの違いを認識しよう……115

5章 あなたの得意商品で一点突破！

❶あなたの店全体で、もっとも売れ個数が多い商品は何か？……118
◎「集客商品」とは何か？……118
◎大手、専門店はこうして儲ける……120
◎もっとも売れる商品とはどんな商品か？……122
◎主力商品はスター商品……123
◎「集客商品」で店を活性化しよう……125
◎中小店の商売の王道とは？……126
❷集客一番商品をチラシの一等地で育てよう……129
◎商品で集客力をつけることがチラシの役目……129
◎店の売上げを左右する主力一番商品……130
◎ダブル一番商品で一点突破！……131

6章 価格帯一点突破で勝つ

❶ 価格帯別品揃えを強化して集客一番商品で一点突破……134
◎集客一番商品で2倍お客を集めよう……134
◎価格帯別、用途別に分けて徹底集客……135
◎集客一番商品は儲からないか？……138
◎集客一番商品はグレード分けして儲けよう……139
◎集客一番商品が一種類しかない場合……142
◎「お客様に対する工夫」を考えよう……143
◎価格帯別に品揃えしよう……146

❷ これからの超専門店の商品構成とは……147
◎主力一番商品は、ピンからキリまで品揃えしよう……147
◎年に1回しか売れない商品を置くための努力……149
◎主力一番商品の品揃えこそ超専門店の心意気……152
◎「価格だけ客」を育てよう……153
◎お客様は来店してもらってから選別する……156

7章 地域一点突破を成功させるために

❶ 地域一点突破の正攻法……160
◎地域一点突破のためのチラシ戦略……160
◎「売れるチラシ」は情報量で決まる……161

◎チラシは、サイズよりも情報量が決め手……162
◎商品特性に合わせたチラシ戦略を考えよう……164
◎高額商品のチラシ戦略とは……166

❷商品の成長段階を見きわめよう……169
◎地域一店突破のチャンスを見誤るな……169
◎得意商品の成長段階を見誤って失敗した事例……170
◎入れ替わっていた主力商品……171
◎成長段階によって、戦略も変わる……173
◎商品の成長段階を見きわめよう……176

8章 客層一点突破で勝つ

❶お客様の満足にこだわろう……180
◎チラシで客層を絞り込もう……180
◎自店のコンセプトを明確にすることで客層が絞り込める……181
◎単純な客層分けはもう通用しない……182
◎コンセプト別客層の一点突破へ……184
◎商品の用途を明確にしよう……185

あとがき

Ｐｈｏｔｏ／水田伸介
カバーデザイン／新田由起子
ＤＴＰ／ムーブ

1章

あなたは販促をナメていませんか?

1 商売は、売らなければはじまらない

◎中小企業なりの販促を考えよう

私は、たった1枚のチラシから戦略的に構築したマーケティング手法について、講演やセミナーをさせていただく機会が数多くあります。そこで常々感じることは、「あいかわらずみなさん、大企業や上場企業を手本にして、こむずかしい勉強をよくやっているなあ……」ということです。

そのような勉強をして、あなたの会社の売上げは上がりましたか？

あなたの会社の利益は上がりましたか？

もし、そんな勉強で十分な効果を得ているとしたら、みなさんの会社は今頃きっと、大企業になっていることでしょう。

ある調査によると、日本国内の99％の企業は社員１００人以下の中小企業であり、さらにそのうちの95％が、社員30人以下の零細企業ということです。

つまり、日本国内で大企業というのは、たったの１％未満にすぎないわけです。

その、たった1％未満の成功事例をまねて勉強しても、社員数も資金力も組織力も違うし、会社の方向性も違いますから、まったく意味がないのです。

強いて言うなら、トヨタの中小企業時代とかソニーやキャノンの創立10年目、ジャスコやイトーヨーカ堂の創業時代を勉強するなら、また話は別でしょう。

現在の大企業の完成されたしくみを勉強することなど、私たち中小企業にはまったく意味はない、ということなのです。

◎販促の根本を認識しよう

それではここで、視点を変えて考えてみましょう。

「中小企業であるあなたの会社にとって、販売促進とは何ですか？」

「あなたの店にとって、販売促進とはいったいどんな意味がありますか？」

「あなたにとって、販売促進とはいったい何でしょうか？」

販促を、ただのPRと思っている人も少なくないでしょう。

また、ただの宣伝にすぎないと思っている人もいることでしょう。

あるいは、イベントや企画を行なうことと思っている人もいるでしょう。

実は、われわれ中小企業にとって、販売促進は非常に重要なのですが、その重要な販売促進の根本を、多くの中小企業経営者は認識していません。

そして、それを知らないまま商売をしていること自体、「商売をナメている」ことだと思います。

なぜなら、販売促進の方法を知らずに商売をするということは、商売人にとって、もっとも得意でなくてはならないはずの「商品を売る」という行為について、ド素人のまま、プロの商売の世界に参加していることになるからです。

◎商売は商品を売ることからスタートする

また最近では、会計系コンサルタントや、銀行系コンサルタントのもっともらしい会計戦略にはめられ、中小企業の社長のほとんどは、本来はユニークで自由な発想の商売人であるはずなのに、サラリーマンのような発想しかできずにいます。

「貸借対照表の基本」「減損会計の導入」「税法の改正」……そんなものをいくら勉強しても、あなたの会社や店の売上げは上がりません。

会計などは、ただの結果の整理にすぎないからです。

商売人は会計士ではありません。

それよりも、商売は商品を売らなければスタートしない、ということをしっかりと肝に銘じておいてください。

「そんなことを言われても、資金繰りはきちんとしなければ……」――たしかにそうです。税金対策も含めて考えなければならないことは、十分にわかります。

しかし、あなたの会社は、税金を払うほど儲かっていますか？

そんなに稼いでいますか？

さらに追い討ちをかけるようですが、われわれ中小企業には労働分配率もへったくれもありません。

あなたの会社は労働分配率が高いですか？　高いから安易に人件費を削るのですか？

リストラや成果主義とは言ってみても、それは何千人も何万人も社員を抱えている大企業の話であり、中小企業であるわれわれの場合は、ただ単に売上げや利益が上がっていないだけのことだと思います。

もし、あなたがそんなことを考えているなら、ビジネス誌や経済新聞の読みすぎでしょう。

あなたの会社レベルでリストラなどしたら、間違いなくさらに売上げは下がっていきます。

そして、それにつられて、利益もどんどん下がっていくはずです。

◎販売促進こそ、商売の中心

要するに最近では、商売を忘れた、官僚的で頭でっかちな経営者が多くなったということです。

「商売は、商品をただひたすら売らなければはじまらない」というところからスタートしてください。

カンタンな話、「商いは売ってナンボ」の世界です。商品が売れて、初めてお金が動きます。

そしてそのスタートは、あなたが商品を売らなければはじまらないわけです。

そこに商売の軸を置かずに、売れた後の事務処理やシステムのことばかりを考えるのは本末転倒なのです。机上の空論では商売は成り立ちません。

実は、われわれ中小企業にとっての販売促進とは、「**あなたの商品でお客様を呼び、あなたの商品を売りさばくこと**」なのです。

われわれ商売人にとっての販売促進は、会社の、商売の中心的役割をはたすものであるはずです。

しかし、ここでちょっと注意していただきたいことは、「販売促進も、やり方を間違えると会社が傾く」ということです。

また、大企業のほとんどは、新製品導入をきっかけに、新しい市場創造のための販売促進を行なっていますが、大手の販促手法をわれわれ中小企業に当てはめることは、大きな間違いのもとになります。

◎中小企業のあるべき販売促進とは？

マーケティングコンサルタント、広告代理店、イベント会社、企画会社などは、あなたの会社や店の売上げや内情などろくに考えもせず、ただひたすら、「楽しい！」「ワクワク、ドキドキ！」「かわいい！」などといった、大企業型のイメージ先行のマーケティング戦略を提案してきます。そして、われわれのお客様に無料のご奉仕をしたがるのです。

たしかに私だって、たくさんのお客さんが集まって来て、楽しそうな笑顔を見せられれば、「売上げが足りない」「利益が足りない」などという泥臭い話はしたくなくなります。

しかし彼らの手法では、お客様がとりあえずたくさん集まって、ワイワイ楽しんでくれれば大成功になってしまうのです。

しかも、ここでの販促は無料。なぜか、お客様は無料なのです。

そして、こんな意味のない販売促進もどきの市場創造企画に対して、彼らは私たちからはしっかりと料金を取っていきます。

「お客様からお金が取れない企画なら、私たちからもお金を取るな！」と言いたくなります。まがりなりにもプロなら、クライアントであるわれわれ中小企業にも利益を出させたうえで、企画料を請求してもらいたいものです。

中小企業や中小店は、お客様がいくら楽しんでくれても、商品を買ってくれなければ１円の利益も出ません。

こんな大企業用のマーケティングに踊らされていたのでは、従業員の給料などはどこからも出すことはできません。

私たちの商売は、どこまでもどこまでも、「あなたの商品」をお客さんに買っていただき、その買っていただいた「あなたの商品」から、お客様に快適さや喜び、感動を体験してもらい、満足していただくことで次の商売につながっていくことを忘れてはいけません。

2 デザインにばかりこだわっている人に「売れるチラシ」はつくれない！

◎あるセミナーでの出来事

ビジネス誌や大企業の影響を受けてか、広告や企画、デザインなどを理想の仕事と考える若い人が増えています。

以前、関東地方でゲームセンターを経営している会社のチラシ販促部門の方が、私のセミナーに参加してくれました。

「日本一のチラシはこうつくれ」の東京セミナーでのことでした。

私は、いつものように自己紹介を兼ねて、私自身のマーケティング理論を展開していきました。

最初から、熱心にノートを取っている女性が気になっていました。

何だか、レポート提出のための勉強をしているような感じがしたので、私はセミナー中にもかかわらず、何気なく彼女に質問をしてみました。

「今日は、何を勉強しに来たの？」

女性に優しい私は、最高の笑顔で質問しました。

すると彼女は、

「社長に『面白そうなセミナーだから受けてこい』と言われたので参加しました。私も、何か勉強になれば、と思っています」――彼女は、当たりさわりのない答えをしました。

さすがに、よく教育されている〝イマドキの社員〟といった感じです。

しかし、あまりにも一般的な返事だったので、さらに突っ込んだ質問をしてみました。

「たしかにそうですね。勉強になれば私もうれしい。で、あなたは何をしたいの？」

すると彼女は、「実は最近、うちの会社も集客が悪くて、お客様が集まらないみたいなんです。それで、『売れるチラシ』を考えなければいけないと思って、勉強に来ました」

「そうか、それなら何かヒントでも持って帰ってもらわないと社長に怒られるなあ。今ここで、私が何か考えてあげよう！」――具体例を挙げることで、実践的にチラシに落とし込むところを、他の参加者にも見せようと思ったのです。

彼女はうれしそうに、「ありがとうございます」と、満面の笑顔で答えました。

「それで、君は何の担当なの？」

「チラシ販促の担当です」

「じゃあ、なぜ集客が減ってきたのか、自分なりに推測はできているの？　あなたの勝手な思い込みでもいいから、とにかく自分が感じたことを言ってみてくれない？」

この質問を通して、私は少しでも彼女の考え方のクセや感覚を知ることで会社を理解し、社員になりきって、売れるチラシを考えてみようと思ったのです。

◎店に行ったことがない〝チラシ担当者〟

彼女の経験を共有し、会社の状況や地域の状況を知ることで、押しつけがましい一般論にならないように状況を判断しようと考えたのです。

しかし、彼女の返事は意外なものでした。

「えっ？　なぜ集客が落ちてきたのか？？？　私にはよくわかりません。きっと、不景気の影響をまともに受けたわが社は……」

彼女は、だれもが知っているような一般論を、これまた延々と言い続けました。

しかし私は、そんな一般論などどうでもよかったのです。

そんなことを聞いているのではないのです。

「わかった、わかった。とりあえず、君の店は今どんな状況なのか、何でもいいから言ってみてくれるか。君がわかっている範囲でいいから言ってみて。それをヒントに、売れるチラシを考えようよ」

　このとき私は、何でもいいから彼女の会社の雰囲気や状況を、少しでもつかみたかったのです。

「えっ？　あ、あの～……　私はチラシ販促担当なので、現場のことはよくわからないんですけど……」

「それじゃあ、しかたがないな。しかし、私としても何かしら形を考えてあげたいので、せめてスタッフの雰囲気だけでもいいから教えてくれると助かるんだよね。会社のリアルな社風でもいい、とにかく店のイメージがわかないと、売れるチラシの仕掛けがつくれないいんだよ」

　私としては、「頼むから何か言ってくれ」という感じでした。

「だから、私はチラシ担当なので、店に行ったことがないんです」

「へっ？　冗談でしょ？　だって、あなたの勤めている会社でしょ？」

「いえ、そうじゃなくて……。私は、デザインの専門学校を卒業して、広告代理店でデザインの仕事をしていたとき、社長に引き抜かれて今の会社に入ったんです。社長は、私のデザインセンスを評価して、この会社のチラシ販促担当にしたんです。だから、私の仕事は本部でチラシをつくることなんです。たしかに、うちの店がいっぱいあるのは知っていますが、店には一度も行ったことがないんです」

「はあ〜……」

やっぱりいるんです、こういう人が。

この話は事実です。ここまで極端ではないにしても、セミナーに来るチラシ販促担当の人たちは、この程度の方々が多いことも事実です。

これでは、「売れるチラシ」など絶対につくれないことは、だれにでもわかると思います。

他社の事例で見るとよくわかると思いますが、あなたの会社のチラシ販促担当者は、何を基準にチラシ担当になっているのでしょうか？　あなたにないデザインセンスですか？　若さですか？

「売れるチラシ」を考える前に、担当者が適任かどうか、見直してみる必要があるかもしれません。

現場もわからないような人に、あなたの会社の売上げを左右するチラシ販促を任せていいものか、よく考えてみることが必要でしょう。

3 商品性能知識レベルだけでも「売れるチラシ」はつくれない！

◎「商品性能知識」＝「商品知識」ではない

一般的には、「商品性能知識」＝「商品知識」と考えている人が多いようです。

もし、あなたが八百屋をはじめる場合、最低でも野菜に関する商品知識を持っていなければ、よい商品を仕入れることができないばかりか、売ることもできないでしょう。

もし、あなたが中古車屋なら、中古車についての商品知識がなければ、よい商品を仕入れることもできず、売ることもできません。それでは、商売は成り立ちません。

また、あなたが経営コンサルタントなら、経営のことを知らないままコンサルティングをしているのであれば、それは詐欺と言っていいでしょう。

しかし私の経験上、チラシ担当者レベルには商品知識がない方がおおぜいいらっしゃることも現実です。また、せいぜい商品性能知識レベルという方も多いようです。

ここで注意していただきたいことは、「商品性能知識」とは、1週間もあれば、だれでもすぐに身につけることができる、バーチャルな知識にすぎない、ということです。

商品性能とは、機能的、バーチャルに商品を知り尽くすということで、簡単に言えば、パンフレットやカタログを読めば、だれでも即、インプットすることができるような知識のことです。

しかしこの段階では、はっきり言って口先だけの知識です。この部分を、商品知識と勘違いしている人が多いのです。

チラシ担当者としては、このレベルの商品性能知識だけでは、「売れるチラシ」は絶対につくることはできません。

◎まず、商品をリアルに知ることが大切

売れるチラシをつくるための商品知識レベルとは、商品性能知識を持ったうえで、リアルにその商品のことを知っている、ということです。

あなた自身が、お客様の代わりにその商品を体感、体験することで、初めて商品知識はあなたと一体となって、接客に活かされてくるようになります。

お客様がカメラを買いに行ったとき、店員さんが、カメラも持っておらず、また写真も撮ったことがないとしたら、お客様はどう思うでしょうか？　いくら店員さんが、カタログ知識だけで蘊蓄《うんちく》を語ったところで、あくまでバーチャルな知識だけですから、まったくリアル

感は伝わってきません。

また、あなたがサーフィンをはじめるため、サーフショップにボードを買いに行ったとします。そのショップの店員はサーフィンをしたことがなく、カタログ知識だけで商品を説明していると想像してみてください。いくら説明を聞いても、その人からは臨場感がまったく伝わってこないはずです。そして、彼の説明そのものが、「ウソ」にしか聞こえなくなってくるはずでしょう。

少なくとも、サーフボードを売る店員さんは、サーフィンを経験していないとダメです。上手下手は抜きにしても、実際に自分自身が体感、体験していないと、お客様には絶対にリアル感は伝わらないからです。また、リアル感が伝わらないと、お客様の購買意欲はくすぐられません。

もし、あなたが経営コンサルタントに仕事を依頼するなら、バーチャルな商品性能知識しかない人に依頼するでしょうか？

まず、依頼しないはずです。

では、どういう人を選びますか？

もちろん、経営に関する「商品性能知識」をしっかりと持っていて、実際の現場での「商品技術知識」がある経営コンサルタントに仕事を依頼したいと思うはずです。

この場合、バーチャルに商品を知ったうえで、リアルに商品を知っているからです。要するに、商品を売るためには、あなたの店や会社の商品を体験することが、もっとも大切なのです。

チラシは、たった1枚の紙ペラで、たった1枚の紙を通して、文字と写真だけで接客を行なっていることを忘れないでください。

◎「深くかかわるお客」に育てよう

ここ十数年、ＩＴ技術のめざましい発達によって情報化社会になり、お客様も商品性能知識を持った、買い物のプロへと急成長してきています。

その急成長してきているお客様を簡単に分けてみると、あなたの商品に「深くかかわるお客様」なのか、「浅くかかわるお客様」なのか、という2つのタイプに分かれると思います。

どの業界、業種でも同じですが、基本的にあなたもお客様も、自分に興味のない商品については何も考えず、それこそ、「何でもいいや」と思っているのではないでしょうか？

これは、「安ければ何でもいいよ。どうせ、みんな同じなんでしょ？」という考え方です。

これが、商品に対して浅くかかわるお客様の考え方です。

◎私が「深くかかわるお客」になった理由

しかしそんなお客様でも、自分にとって必要性がある、重要性があると認識したとたん、その商品に対して、深くかかわろうとするお客に変身してしまうのです。

たとえば、私の場合で言うなら、毎日飲んでいるミネラルウォーターがそうです。たしかに10年前までは、たかが水に対してお金を出して飲むなどとは考えもしませんでした。

さらに、20年前なら水はタダで、「水などを買う人は絶対にいない」と思っていました。

つまり私は、ミネラルウォーターという商品に対しては、「浅くかかわるお客」でした。それが今では、1本500㎖150円のミネラルウォーターを1日に2本、300円も出して買っています。ちなみに飲み水代だけでも、1ヶ月1万円円程度は使っています。

それでは、なぜ私は、ミネラルウォーターという商品に「深くかかわるお客」になったのでしょうか。それは10年ほど前、あるテレビ番組で、水についての商品性能知識を得たからです。

ミネラルウォーターには、ナトリウム○○mg、カルシウム○○mg、マグネシウム○○mgなどが含まれていて、体によいという商品性能知識レベルです。知識を得た私は、お金を出して、1～2回試してみました。

その結果、私の商品技術知識は、「普通の水道水よりもうまい」、「何だか、体によさそうだ」というレベルになりました。

しかし、この段階では、ミネラルウォーターという商品に対して、まだまだ「浅いかかわりのお客」でした。

さらに3年前のある日のこと、薬局の店頭で「商品提案知識」を持った店主がミネラルウォーターを売るために「健康・快調」をキーワードに、「ミネラルウォーターを飲むと血液がサラサラなり、体が快調になって……」と、チラシをまきながらデモンストレーションをしていました。

そのとき、店主がキーワードとしていた「健康・快調」という言葉にひかれ、私は以前より少しだけ深くかかわり、週に2〜3本のペースでミネラルウォーターを飲むようになったのです。

それからさらに数ヶ月後——きわめつけが、同じ薬局の店主が話してくれた「脳に酸素を送るには、酸素をたくさん含んでいるこのミネラルウォーターが一番！　脳の働きを活発にするから、回転が速くなるかも！」というものでした。

さらに店主は、私の頭痛の原因は、脳に酸素が行かなくなるため、脳が酸欠を起こしているのでは、と解説してくれました。その店主がつくったチラシを見た瞬間、ちょうどその時期、「頭痛」と「脳」というキーワードにはまっていた私は、ミネラルウォーターという商品に「深くかかわるお客」に変身してしまったのです。

店主が商品を熟知し、地域のお客さんに買っていただくために自ら調べぬき、さらに自ら体験して実感した商品提案知識をふんだんに使った「売れるチラシ」のおかげで、私はその商品に深くかかわるようになり、1本150円もする水を飲むようになったわけです。

おかげで私は、持病だった頭痛もなくなり、脳の回転も速くなった（?）ことに満足したのです。

◎お客にとってのチラシの利用価値とは何か

ここで注意したいことは、何もお客が最初から商品に深くかかわっていたわけではなく、それこそ商品に興味もなく、買う気もまったくないお客にすぎなかった、ということです。

また、「金持ち」か「貧乏人」かという話でもなく、価格が「安い」か「高い」か、という話でもありません。だれでもみんな、自分の興味に合わせて、自然に商品を使い分けているということです。

あなたの日常生活を考えても、いろいろな商品をカテゴリーによって分けて、自然にその商品に対して、浅くかかわるか深くかかわるかを使い分けていることに気づくはずです。

あなたの商売で考えるなら、お客様があなたの商品に対して「深くかかわるお客様」なのか、「浅くかかわるお客様なのか」ということです。このかかわり方の違いは、あなたの「商品提案知識」によって、いくらでもお客は変わっていくということです。

では、お客様にとって、チラシの利用価値とは何でしょうか。

それは、お客様があなたの商品に対して考えたり、悩んだり、迷ったりする時間、あるいはいちいち調べる手間をなくしてあげる、ということです。つまりあなたが、「商品性能知識」を学び、「商品技術知識」を習得し、あなた自身が商品の裏の裏までを知り尽くすことによって、お客様があなたの商品について考える時間、調べる手間を省いてあげる、ということです。

そして、「商品技術知識」を持ったあなたは次に、地域のお客様の現状を分析して、お客様に合わせたオリジナルな提案をするのです。商品の性能と技術をあなたなりに融合して、地域のお客様のレベルに合わせて、わかりやすく提案してあげるのです。

このような「商品提案知識」を、チラシに表現するのです。商品提案知識とは、売れるチラシをつくるために、もっとも欠かすことができない知識のひとつなのです。

4 お客も商品も売場も熟知していないと、売れるチラシはつくれない

◎チラシ担当者の成長過程

売れるチラシをつくる人にも、つくる段階があります。

第一段階では、あなた自身が商品に対して、どれだけの商品性能知識・商品技術知識・商品提案知識を持っているか、が問題になります。

商品に対する自分自身のキャパシティーを認識し、現場に出て、直接あなたがあなた自身の商品を売るのです。

そのとき、売れた数は問題ではありません。お客さんと接客したとき、あなたの理想と現実は一致していたでしょうか？　違っていたとしたら、何が違っていたのでしょうか？　一人のお客様から、何百人のお客様まで想定できましたか？

次の段階では、新人でもできる最初のマーケティングである、ＰＯＰに挑戦してみてください。

ＰＯＰで初めて、あなたの考えを形や文字にして具体化していきます。

ＰＯＰを通して、お客様の購買行動を毎日その場でチェックし、売れなければ、その場ですぐにつくり直すのです。

このような、お客様とあなたの商品のかかわり合いをリアルに体感できる、身近なマーケティングであるＰＯＰから、繰り返しお客様の購買動向を学んでいきます。

最低限、ここまでの経験則がないと、売れるチラシをつくり出すことなどは絶対に不可能です。

お客様の目の前にあなたの商品がすでに置いてあって、その目の前の商品を売るためのＰＯＰを使っても売れない人間は、さらに高等技術を要する、文字と写真だけで表現するチラシづくりの土俵には、とうてい上がることはできません。

現物がお客様の目の前にあってもなお、購買意欲をかき立てるＰＯＰができないのに、目の前に現物もないチラシで、お客様の興味を引くことなど、はたしてできるでしょうか？

さらに私の経験則から言うと、売れるＰＯＰづくりが発展して、売れるコーナーづくりができるようになり、売れる売場づくり、店づくりができるようになっていくのです。

店づくりが、チラシでいう商品構成やレイアウトですから、現場でお客様の流れ、商品のボリューム感、品揃え感を体感して身につけることが、まず先決です。

そこまでできて、初めて「売れるチラシ」をつくることができるのです。

お客様も商品も売場も熟知しているのでなければ、売れるチラシをつくることは絶対にできません。

お客様も商品も売場も熟知していない人がチラシをつくると、いったいどのようなことが起きるのでしょうか？

◎チラシ担当者は、現場レベルまで熟知していなければならない

以前、指導先の家電店で、こんなことがありました。

売場の担当者は、

「うちの商品は値段が高い、隣のライバル店のほうがずっと安く売っている」

「もう無理だ、本部は何を考えているんだ！　現場を知らなすぎる」ということが、現実に起きています。

それでも、現場と連動できていない本部のチラシ販促担当者は、

「安売りなんて、だれにでもできる。今、しなくてはならないことは、少しでも付加価値をつけて、１％でも高く買っていただくことだ。現場は勉強不足だ！」

と言うのです。

つまり、現場を知らない本部のチラシ販促担当者は、「自分たちの戦略は間違っていない」

ということをよく言います。現場を知らないチラシ販促担当者の、「安売りはだれにでもできる」という表現もよく耳にします。

チラシ販促担当者が言いたいことは、「付加価値を上げて、少しでも価値を高めて売っていこう。そこにはじめて利益がある」ということです。もちろんそれは正論です。たしかに、付加価値を上げるということがわからない現場の人間は勉強不足だ、と思います。

しかし、現場には現場の言い分があります。事実、まるっきり同じ商品が、自店のほうが5000円も高い値段でチラシに載っている。だからこそ、「売れるわけがない」と言っているわけです。

どちらが悪くてどちらがよいということではありませんが、チラシをつくる側が現場レベルまで熟知していなければ、現場は「売れません、無理です」と言ってくる、ということです。

「安売りはだれにでもできる」と言いたい気持ちはよくわかります。

しかし、「現場の社員レベルまでを含めた現実を見ようとせず、机上の理想だけでは飯は食えない」ということも、また事実なのです。

理想どおりに商売をしたければ、現場も含めた全社員にそのことを教え込まなくてはなりません。

あなたの思いどおりにならないことを「できない現場が悪い！」とすぐに決めつける前に、商品と売場、現場レベルまでを熟知していなければ、売れるチラシなどつくることはできません。

売るためのチラシづくりを、一所懸命に勉強するのはけっこうなことです。

また、理想ももちろん大切なことです。しかし、なかなか理想どおりにならないのであれば、現場と連携したチラシづくりを少しずつやっていくことで、チラシも売場もグングン成長していくのです。

私は、現場の理想と経営者の思惑との溝を少しずつ埋めていくのがチラシだと考えています。そして、現場の勉強不足、本部の勉強不足、そのお互いの溝を埋めていく、もっとも効率のいい方法もチラシだと考えています。

5

マーケティングの素人に、売れるチラシはつくれない

◎3種類のマーケティングを整理しよう

大企業の、新商品、新カテゴリー導入による市場創造型マーケティングと、われわれ中小企業の地域戦略から考えられるマーケティングとは、まったく違います。

マーケティングの手法には、45ページ図に表わしたように、単純に3種類あります。

①お客になりきり、商品を狭く深く観るマーケティング

②視野を広げ、戦う土壌を広げるマーケティング

③逆転の発想

まず、①の「深く」という手法で、商品を細分化してお客様に提案していきます。次に、②の広い市場から自分の市場に取り込んでいきます。そして、③の「逆転」は、「売る」という発想から、「売るな」という発想に変えるということです。

このように、単純にマーケティングは3タイプに分けて考えることができます。そこを整理しないままチラシをつくろうとするため、お客様にどう動いてもらいたいのかが分散して、

効果が上がらないのです。売れるチラシをつくるためには、マーケティング戦略を立てなくてはなりません。

私は、単純に3つに分けて、「徹底的に深める」、「広げる」、「逆転の発想でいく」――それしかないと考えています。

そのなかでも、たとえば、A商品が1ヶ月で1000個売れている地域があったとします。あなたの会社や店がたとえ潰れたとしても、その地域では間違いなく、A商品は1ヶ月1000個売れ続けていくわけです。それが地域市場です。

単純に、この地域市場の1000個をあなたの店でどう売るのかという発想、さらに、その1000個のうち、26％の一番店シェアである260個を、どう自分の店から買ってもらうか、から考えてください。

◎地域のマーケティングには順序がある

そのことを、まず戦略の底辺に落とし込んでいかなければなりません。また、この発想からスタートすることが、売れるチラシの極意でもあるのです。

ただ、抑えておかなくてはならない順番は、まず「お客様になりきって商品を深く観る」ということです。

そして次の段階として、「視野を広げ、戦う土壌を広げていく」という段階です。

しかし、地域市場も押さえておらず、また認知もされていないのに、いきなり「視野を広げて、戦う土壌を広げる」からスタートすることは、中小企業が大企業の新商品導入市場創造型マーケティング戦略をとるという無理があります。

しかし、マーケティングの素人は大企業の市場創造をまねて、イメージ先行型の売れないチラシをつくってしまうのです。

ここでは、地域のマーケティング戦略には順序がある、ということを、まず認識してください。

■３つのマーケティング

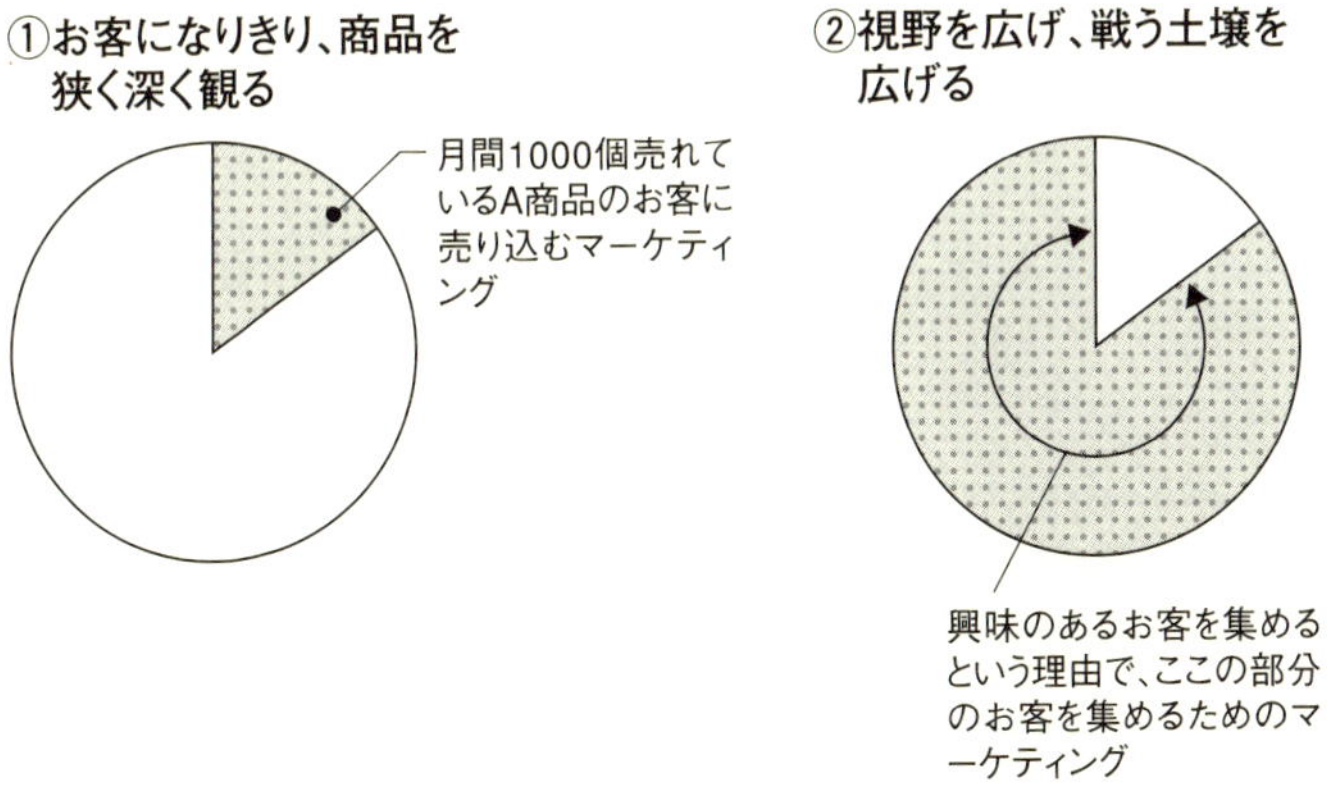
①お客になりきり、商品を狭く深く観る
月間1000個売れているA商品のお客に売り込むマーケティング
②視野を広げ、戦う土壌を広げる
興味のあるお客を集めるという理由で、ここの部分のお客を集めるためのマーケティング

③逆転の発想
売り込まないという方法

2章

「売れるチラシ」をつくるのはだれか？

①チラシ担当者レベルでは無理

◎売れるチラシにするためのステップ

現場を熟知した責任者がかかわらない限り、売れるチラシは永遠につくることはできません。

現場の責任者であれば、商品知識があり接客のプロでもありますから、お客様を十分に理解していると言えます。このように、商品を知りお客様を理解できていれば、ＰＯＰやコーナーづくり、売れる店づくりまでできます。

自分で作成したＰＯＰひとつにしても、お客様はどういう反応をしているか、どうすれば売れるか、が目の前でリアルにわかるわけです。

お客様のＰＯＰへの反応や行動パターンは、１日の売上げとして、数字として確実に上がってきます。これができるようになってから、いよいよチラシづくりです。

売れるチラシがつくれるようになるためには、左図のような段階があるということです。

チラシは紙１枚で接客するわけですから、よほどの商品知識とお客様に対する接客知識がなくては、つくることはできません。

この流れがキチンとできて、はじめて売れるチラシ、集客力のあるチラシをつくることができるのです。

◎主力商品で地域一番シェアを取ろう！

チラシを打っても売上げが上がらない根本的な理由は、自分の商品、自分の店、自分のお客をあまりにも知らないため、と判断することができます。

現場を知らずにチラシをつくるということは、何の対策もないまま大学を受けようとするようなものです。受験なら、どんな人でもそんな無茶なことはしないはずです。それな

■チラシで押さえる成功ポイント

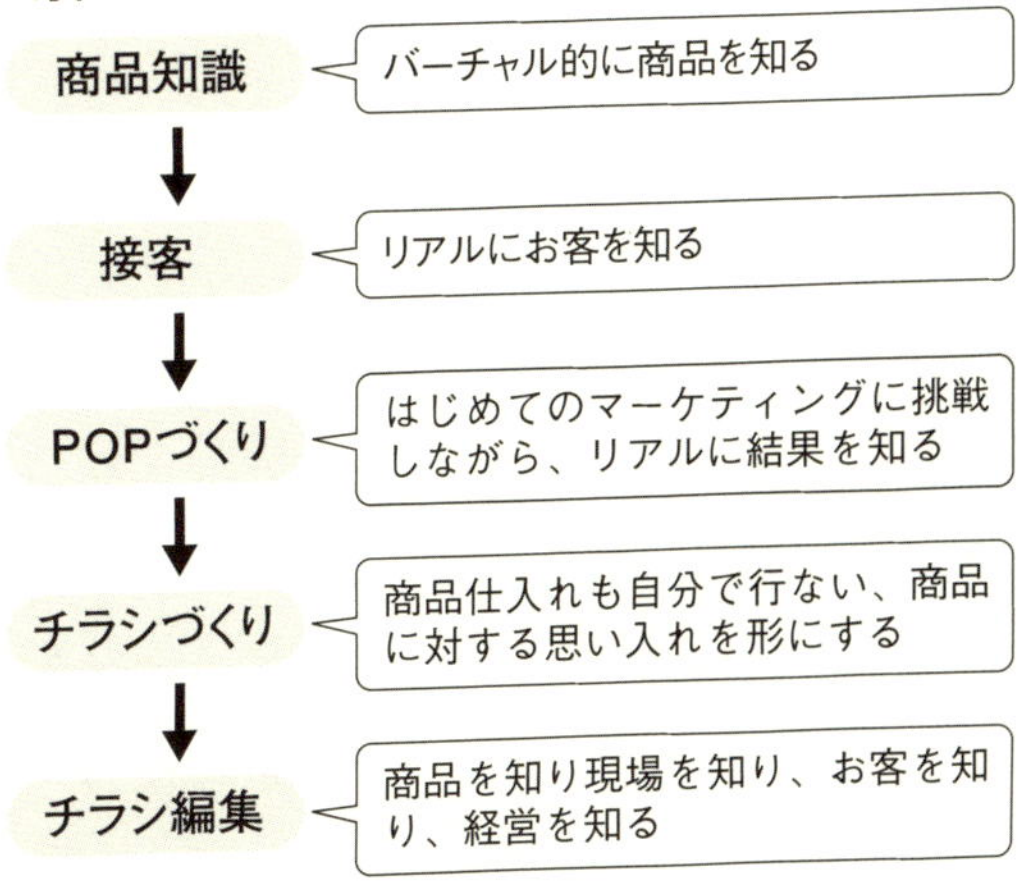
商品知識
バーチャル的に商品を知る
接客
リアルにお客を知る
POPづくり
はじめてのマーケティングに挑戦しながら、リアルに結果を知る
チラシづくり
商品仕入れも自分で行ない、商品に対する思い入れを形にする
チラシ編集
商品を知り現場を知り、お客を知り、経営を知る

のに商売、さらにチラシとなると、あまりにも安易に考えてしまいがちです。チラシは博打ではありません。「一か八か」——そんな賭け事のような感覚のチラシでは勝てませんし、売上げだって上がるわけがないのです。

相撲で言うなら、横綱に勝負を挑むとき、幕下ごときががっぷり四つに組んだのでは、勝てるわけがありません。自分自身の実力を知っているからこそ、猫だましや八双飛びなど、横綱相撲では絶対にできない秘策を編み出すしかないのです。まともに正面から戦えば、横綱の強さを世間に見せつけるだけです。

チラシだって同じです。大手企業の販促手法やチラシ戦略ばかりを学んで、正面から勝負をしていたのでは、永遠に勝てるわけがありません。

これからの時代、商売で生き抜いていくためにまずあなたがやるべきことは、あなたの主力商品で地域一番シェアを獲得することです。

◎「弱者の法則」「強者の法則」

市場を押さえるというお話をしたので、そのもとになっている「ランチェスターの法則」について、簡単にお話ししておきましょう。

英国のランチェスターは、第一次大戦の飛行機の損害状況を調べることで、この法則を得たと言われています。持っている武器の性能が同じなら、兵隊の数が多いほうが必ず勝ちます。

では、兵隊の数の少ない弱者に戦い方はないのでしょうか？

そこでランチェスターが考えたのが、「一騎打ちの法則」とも言われている、弱者の戦い方と確率戦に持ち込む強者の戦い方です。

この弱者の法則、強者の法則は、現在でも多くの企業が「勝つための論理」として活用しています。

弱者の戦い方の基本は「差別化」です。

まず、ライバルの少ない局地戦を選んで接近戦に持ち込む――これが一騎打ちの形です。

そして、兵力は分散させず、的を絞り込んで一点集中で攻める。また、陽動作戦を敷いてこちらの手の内を見せないようにする。

これが、われわれ中小企業＝弱者の戦い方ということです。

では、強者の戦い方はどうでしょう。

兵と武器は十分にありますから、その強みが活かせる確率戦に持ち込みます。一対一の接近した争いは避け、総合戦である大きな市場で戦います。そして、武器と兵隊が豊富ですから、短期戦で一気に攻め込みます。

敵を分散、攪乱させるため、自分の有利な市場に誘導して戦います。

このとき、自分は弱者なのか強者なのかという判断は、市場シェア26％を取っているかどうか、ということです。まず、自分の立ち位置を知らなくては、戦略なしに戦うようなものです。

しかし残念なことに、弱者が強者のまねをしている店や会社が実に多いのです。それは、相手の作戦にはまっていくだけの自殺行為でしかありません。

私はこのランチェスターの法則を、経営から販促、商品構成からチラシづくりにまで落とし込んでは実践し、シェアゼロから地域ナンバーワンの店に、短期間で育て上げたのです。

■シェアの原則

シェア数値	シェア名	意味
74％	完全独占シェア	圧倒的に地域を支配できる
55％	圧倒的独占シェア	だれもが認める一番店。だれもが知っている店
42％	独占シェア	みんなが知っている一番店
31％	圧倒的一番シェア	お客様が認めた一番店
26％	一番店シェア	年間を通して一番店
19％	一・五番店シェア	同じレベルの店がある
15％	二番店シェア	年間を通して二番店
11％	三番店シェア	他店やお客様に影響を与えることができる
7％	存在シェア	その部門の存在が知れわたっている
3％	非存在シェア	商圏内で店名すら伝わっていない

（あくまでもシェアの原則は指標であって、どの位置に達しても安住はない。常に上をめざす）

2 中小企業なら、売れるチラシは社長がつくれ！

◎だれがチラシをつくるべきか？

現在、あなたの店や会社のチラシは、販促担当者がつくっていますか？　または企画担当者でしょうか？　あるいは営業会議で、みんなで議論しながら考えていますか？　しかし、このどのやり方も間違いです。

あなたの店や会社のチラシは、社長か責任者がつくるようにしてください。

社長や責任者がチラシをつくることは意外ですか？

しかし、あなたの店や会社のこと、あなたの商品のこと、あなたの社員のこと、あなたのお客様のこと、すべてを知り尽くしているのが、社長であり責任者であるはずです。そのすべてを知り尽くしている人がチラシをつくるのが、一番間違いのない方法なのです。

担当者や営業会議でチラシをつくるのは大手企業の手法です。

では、なぜ大手企業は、社長がチラシづくりにかかわらないのでしょうか。それは、大手企業の社長は、組織を運営するのが仕事だからです。また、大企業の社長はサラリーマン社長で、商品のことをよく知らない方も少なくないからです。

◎商売のプロがつくれば一番売れる！

われわれ中小企業の社長は、経営者であり商売人でもあります。その商売のプロ、接客のプロ、商品のプロがチラシをつくらなければ、売れるわけがありません。

「でも私は、広告のセンスがなくてねぇ……」——そうおっしゃる方も多いでしょう。しかし、あなたが考えているセンスというのは、文字が斜めか横か、ゴシックか明朝か、色は青か黄色か、というデザイン的なことではないでしょうか？

しかし、そんなことはまったく気にせず、あなたが思ったように、言いたいことを表現すればいいのです。それが、オンリーワンのオリジナルチラシになるのです。

文字の形や大きさ、色使いなどは、売れるチラシの条件ではありませんから、心配する必要はありません。あなたの店や会社で、一番の商売のプロであるあなたが商品を売れば、一番売れるという道理です。

１００人以下の会社の場合、社長が一番の商売人でありトップセールスマンでなければ、その会社は長く続かないでしょう。逆に、会社で一番の商売人であるあなたがチラシをつくれば、絶対に商品は売れるはずです。

3 チラシだけで売上倍増なんてあり得ない

◎チラシは「売上アップの決め手」となるか？

最近、よく聞かれるお決まりの質問があります。

それは、「売上アップの決め手は何でしょうか？」という質問です。

私は、売上ゼロから、チラシだけで県内シェア圧倒的一番店をつくってきました。

たしかに、私は単純に、「売上アップの決め手はチラシからですよ！」と言っていますが、みなさんが考えているような「売上アップの決め手」とは少し違うような気がします。

私が「売上アップの決め手はチラシからですよ」と答えると、みなさんはすぐ、チラシそのものしか見ようとしなくなります。いや、見えなくなるのかもしれません。

本音で言わせてもらうと、「チラシ1枚だけで、地域一番店トップシェアなんか、取れるわけがない」のです。

チラシ1枚だけで、売上倍増なんてできるわけがありません。

あなただって、たった1枚のチラシだけで売上げが何倍もアップすると思いますか？

いくらあなたが、夢を抱いてチラシの表面だけを研究しても、それはまず無理です。

たしかに、一時的に売上げが上がることはあるでしょう。

しかし、毎週・毎月・毎年、あなたの店の売上げをアップさせるための決め手ということではむずかしいと思います。

◎売上アップの決め手は「現場」にあり

私の立場から本音を言わせてもらうと、売上アップの決め手は、「現場」にしかありません。現場にしか、継続的に売上げをアップさせる方法や手段はないのです。

なぜなら、直接目の前でお客様とやりとりするのは現場だからです。

映画のセリフではありませんが、まさに「事件は現場で起こっている」のです。

そして、お客様が商品を購入するか否か、それを決断するのも現場であり、その目の前に立ってお客様のジャッジをもらうのも現場なのです。

とは言っても、あなたは「そんなことはわかっているよ。でも、いくら売上アップの決め手が現場だからと言ったって、売場にお客様が来なけりゃ、売上げは上がらないじゃないか！」と思うはずです。

だから、お客を集める手段として、チラシ・ＤＭ・手配りチラシなどがあるわけです。

そして、商圏内で地域一番店というトップシェアを狙うのであれば、もっとも効果的な手段がチラシの活用なのです。このときのチラシの掲載内容によって、あなたの会社や店の商品に興味のあるお客様が、1人でも多く集まってくるという効果につながってきます。

◎「現場からの提案力」を磨こう

しかし、チラシの効果でお客様が集まってきたからといって、それだけで売上げが上がると思ったら大間違いです。集まってきたお客様に対してのプレゼンテーション能力、つまり、「売場からの提案力」＝「あなたからの提案」がなければ、毎週・毎月・毎年ごとの売上アップにはつながっていきません。

以前、私がチラシづくりのお手伝いをしたことがある花屋の事例でお話ししましょう。

私は、以前から知り合いである生花チェーンの岩井生花の岩井専務から、

「今度、チラシを出して全社的に売上アップを図りたいんですよ。何とか協力してもらえませんか？」

という相談を受けました。

私も軽いノリで、「それじゃあ、腕試しにオレがつくってやるよ」と、二つ返事で引き受けたのです。

マーケティング戦略家で、日本一のチラシ名人を自負する私と、商品を知り尽くした岩井専務、そして印刷会社の営業担当の3人で、花チェーン店創業以来、初めてのチラシをつくることになったのです。しかも、時期は一年でもっとも大きな商戦であるクリスマスです。

ここで重要なことは、「一大商戦の時期は、何もしなくても売れる」と、高をくくっている経営者が多く、売れない時期にどう売るか悩んだあげく、チラシを打つ経営者が多いということです。

ところが、私の考えは違います。一大商戦の繁忙期なら、2倍でも3倍でも売れるようにチラシで攻めて、売れない時期は、ゆっくり次の繁忙期のための戦略を練るのが一番だと考えています。

私は、岩井専務から商品知識を絞り取るように聞き出し、さらに生花店のお客様の流れを聞き出し、売場商品構成を教えてもらいました。ここからが、チラシで展開していく商品構成、品揃え、オリジナルセット品の開発、価格帯別品揃えへの落とし込みです。

やがてでき上がったのが、お客の流れを想定した佐藤勝人流の「売上倍増チラシ」でした。待ちに待った、花チェーン店創業以来、初めてのチラシが入ったセール初日。私は昼すぎに岩井専務に電話をかけました。

◎佐藤流売上倍増チラシの効果は？

佐藤「どう？　お客さんは来てる？」

私としては、自信はありましたが、まったく未経験の分野だったため、多少の緊張もありました。

岩井「まあまあですかね……」

岩井専務の反応は、

岩井専務は私に対して、何とも申し訳なさそうな受け答えをするのでした。

佐藤「まあ、あわてるなよ、夕方からだよ。今日はセール初日の金曜日だし、夕方からが本番だと思うから準備しておけよ」

岩井「は、はい……」

佐藤「不安なの？　心配してるの？　ハズしたとでも思ってるの？」

岩井「そうですよね……。ハハハ……」

笑い声に力はなく、どうやら「ハズした！」と思い込んでいるようでした。

私だって今回のチラシは、「俺がつくったのだから、攻め方は間違っていないはずだ」と、自分自身に言い聞かせながらも、「もしかしたら、ハズしちゃったかな……」という不安がないわけではありませんでした。

私はもう一度、その花チェーン店のチラシを隅から隅まで見直してみましたが、やはりはじめてのチラシにしては上出来で、商品構成から品揃え、価格帯のすべてにおいてボリュームがあり、十分に夢のあるチラシになっていました。

セール2日目。

私は午前中、また岩井専務に電話を入れました。

佐藤「どうだった、昨日の売上げは？」

岩井「まあまあですかね〜」

佐藤「『まあまあ』って、いくら？」

岩井「う〜ん……、昨年対比であまりよくないんですよ」

佐藤「何？　昨年対比で前年割れしてる？」

岩井「ええ、昨年よりちょっとだけ悪いんですよ。何がいけないんですかね」

佐藤「ウソだろう！　じゃあ、チラシなんか撒かないほうがよかったじゃないか」

岩井「やっぱり、業種が違うから、チラシはあまり効果はないんですかね」

すっかり白旗を揚げたような受け答えでした。

佐藤「ちょっと待てよ、まだ結論を出すなよ。あきらめるのが早すぎるよ。まだセールの序盤戦だし、何かがちょっと間違ってるだけだよ」――私は、思わず答えました。

岩井「いゃあ、そう言われても……。佐藤さんにはよくやってもらったし、私も勉強になりました」

佐藤「何言ってるの？　やめろよ、なぐさめるつもりならやめろよ！」

ついに私は、電話口で怒鳴ってしまったのです。

その瞬間です。バチバチッと私の頭の中で「何かが間違っている」という「間違い」の原因が見えたのです。

そのチラシ自体はたいへんよくできていました。戦略的にも間違っていなかった。ということは……。私は思わず、電話の向こうの岩井専務に怒鳴っていました。

「売場だ売場！　現場だ！　現場はどうなっている!!　行くぞ！　すぐに見に行くぞ！　岩井専務、今からすぐ、現地で待ち合わせだ」

岩井「はっ、はい」

電話から数時間後、ショッピングセンター内にある売上一番店の花チェーン店に到着しました。岩井専務と2人で店内を見渡してみると、

佐藤「店そのものはとくに悪くないね。お客さんも来てるしね」

岩井「客数は伸びてるんですが、なぜチラシの効果が出ないんですかね？」

岩井専務も、不思議そうに店内と店外を見渡しました。そのとき、私は気づいたのです。

佐藤「あれっ？　チラシに載せた商材の花が少ししか出ていないよ」

岩井「ホントだ。いつもの2倍仕入れたんですけどね」

私たちは、責任者である店長のところに行って聞いてみました。

すると店長は、

店長「この花は、チラシが入って売れたので、数が少なくなっているんです。チラシの花は売れてますよ。でも……低単価で儲からないから、あまり売りたくないんですよね」

すると、そこへ岩井専務までが、

岩井「そうなんですよ。安物ばかりが出ても儲からないから、社員もあまり積極的に売りたがらないんですよ」

原因はここにあったのです。

佐藤「集客商品は安物だから、売上げはあまり上がらないことぐらい、はじめからわかっていたはずじゃないか！　いったいどこを見てるんだ！　お客様はこんなに来ているんだから、チラシの商品を明日はさらに2倍仕入れておけ！　それから、お客様は2倍以上来店しているわけだから、次の商品につなげるんだ。見ろよ、オリジナルのクリスマス用フラワーセットなどの稼ぎ商品が、売場にはまったく提案されてもいなければ、見本すらない。現物とは言わないが、見本写真くらいは置く工夫をしろよ！」

岩井「なるほど!! 佐藤さんが言うように、たしかにお客様は来ているけど、店とチラシと社員が全然連動していない……」

ということに気づいたのです。

佐藤「要するに、チラシを入れたことで、ふだんから部屋に飾れる切花、生活必需品的切花を低価格にしたことで、2倍以上のお客様を集客することはできたんだよ。しかし、いくらお客様を集めたところで、チラシと連動した売場づくりができていなかったため、チラシの奥にある、戦略的仕掛けの趣味嗜好性が強い『クリスマス商品のプレゼント用豪華なフラワーセットを買っていただく』という仕掛けができていなかった。岩井専務が『売れたらうれしい』と思っているような、少し高単価の主力商品は、チラシだけでは絶対に売れないよ。いくらお客様の数が増えたって、売場からの提案がなければ、絶対に売上げは上がらないからね」

私の話を聞いてからの岩井専務の行動は素早いものでした。

即、売場をチラシの商品構成と同じ品揃えにして、低単価集客商品を、めだつようなボリュームで際立たせたのです。

さらに、来店いただいたお客様は、間違いなく花が好きなお客様ですから、そんなお客様を目の前にして、売場からの提案とあなたの提案力で、非日常的生活を演出するオリジナルのフラワーセットをさらに追加注文してもらえるようなＰＯＰをつくり、積極的な営業トークで買わせるという流れをつくり出したのです。

この売場づくりこそが、今回のチラシ期間中の商売の流れであることを理解した岩井専務は、すぐにそれを一人ひとりの店長に説明するために、その日１日かけて全店を回ったのでした。

この日の夜中、岩井専務から電話がかかってきました。

岩井「佐藤さん、おかげさまで今日１日かけて全店を回り、全店長と全社員にセールの流れの趣旨を説明してきました」

佐藤「それで、どうだった？」

岩井「やはり、佐藤さんの言われたとおりでした。お恥ずかしい話ですが、どこの店舗も売場とチラシが連動しておらず、どちらかというと安物ばかりが売れているので、店長からの文句ばかりでした。やはり、売場をチェックしないとだめですね」

佐藤「それで、売上げはどうだったの？」

岩井「ビックリしましたよ。今日の売上げは、昨年の１５０％アップでしたよ。そして、何が一番うれしかったかと言うと、佐藤さんが『売場からの提案がないと絶対に売れない』と言っていたクリスマスプレゼント用のフラワーセットが、うちの店では一番高いセットが売れたんですよ。いゃあ、売った店長自身もビックリしていました。やっぱり、自分の提案で売れるとうれしいみたいですね」

この言葉を聞いて、私自身もホッとひと安心しました。

◎売れるかどうかは、「売場の提案力」しだい

佐藤「そうなんだよ、売場の提案力しだいで、いくらでもお客様の購買意欲を左右することができるんだよ。そして、それがあなたの店の売上げや利益に大きく響くんだからね。もちろん、あなたや店長から提案してもらったことで、喜んで買っていかれたお客様が一番うれしいはずだよ。また何と言っても、お客様に喜んで買っていただいた社員は、またすごく喜んでいるだろう？ その喜びが、一番の社員教育になるんだよ」

チラシだけで売上倍増なんて、あり得ないのです。あくまで、チラシと現場は一体でなくては意味がない、ということです。また、現場を一体化させるためにチラシはあるのです。

セール期間の1週間も終わり、12月末日に岩井専務から私に、また1本の電話がありました。

岩井「いや〜 おかげさまで。やっぱり仕事は楽しいですよね」と、上機嫌のようです。

佐藤「どうだった、売上げのほうは？」と水を向けると、
岩井「何と、うちはじまって以来の売上げを記録しました」と、誇らしげに言うのです。
佐藤「ほんとう？　それはおめでとう。それでどれぐらいだったの？」
岩井「何と、昨年対比で４００％アップです」
佐藤「はあ〜　セール期間中でか？　それはすごいじゃない！　うらやましい。おめでとう！」
岩井「いやいや、違うんです」
佐藤「ん？　セールの１日最高額か？　それだってすごいじゃない、やったね、おめでとう」
岩井「いやいや違うんです、違う！」
佐藤「ということは……どういうこと？」
岩井「実は、12月の全店の売上げが、昨年対比で４００％アップしたんです。本当にありがとうございました」

チラシをつくった責任者の考えと現場の行動が一致したとき、初めて売上倍増は可能となります。

そのためには、チラシを通して、責任者の考えを現場に徹底させてください。

4 チラシは「経営者の考え＝社員＝商品＝お客様」をつなぐツール

◎中小企業ならではの「チラシ有効活用法」

チラシは、会社と社員と商品と売場とお客様を串刺しにするツールです。またチラシを通して、会社の文化、価値観、考えを徹底させることもできます。

下図のように、大手の場合は担当者の考えが、直接お客様に反映されています。しかし、これが大手企業の弱点です。われわれ中小企業は、これをまねをしてはいけません。

■中小企業のチラシの“あるべき姿”

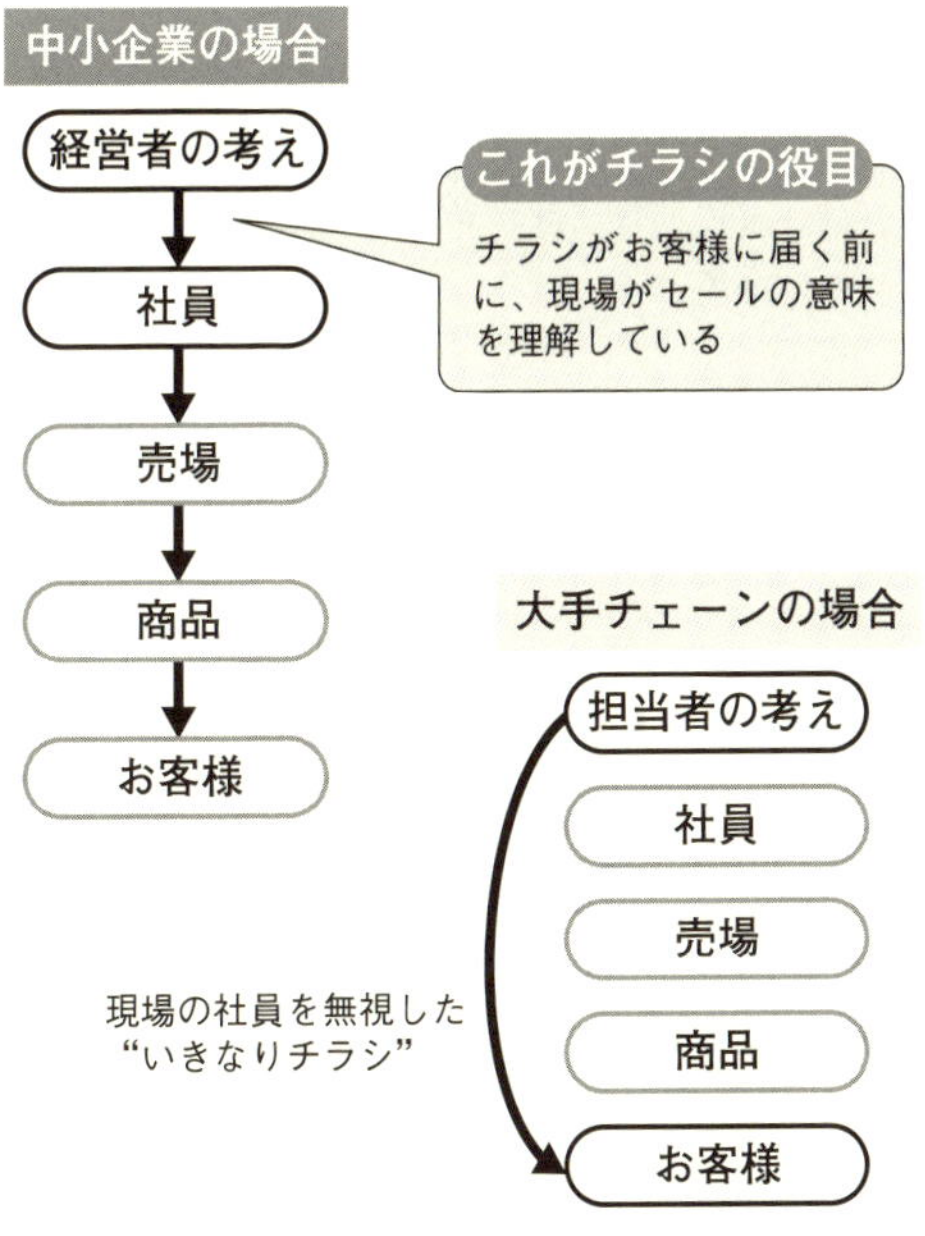

これは、サトーカメラの例ですが、たった1枚のチラシでも社員教育はできます。たとえば、チラシ1枚を全社員が持っていて、広告の商品を1台売るごとに、チラシの商品に「正」の字をつけていきます。

朝礼で、「今日はがんばって、広告のA商品を10台売ろう」という目標を決めたとします。部下は、自分がA商品を売るたびに、チラシのA商品のところに「正」の字をつけていくのです。

営業中でも、「今のところ、A商品は〇〇台売れています」と店長に報告したり、思うように売れなかった部下に対しては、「じゃあ、今度はこういう接客はどうかな」などと、部下にアドバイスすることもできます。要するに、チラシ1枚で各個人の販売状況がすぐに把握できるというわけです。

または朝礼などで、チラシを通して全員でセールの確認することもできます。たとえば、どのような理由でこのような割引価格になったのか、ということがわかるわけです。さらに、なぜA商品が今一番売れているのか、その商品が持つ性能以外の、各メーカーや他店の状況なども、チラシ1枚でビジュアルに社員に説明することができます。

このようにチラシは、お客様にだけメッセージを伝えているのではなく、チラシを使って全社員の営業ベクトルを同じ方向に向けていくこともできるのです。

■売れた商品に「正」の字をつけていく

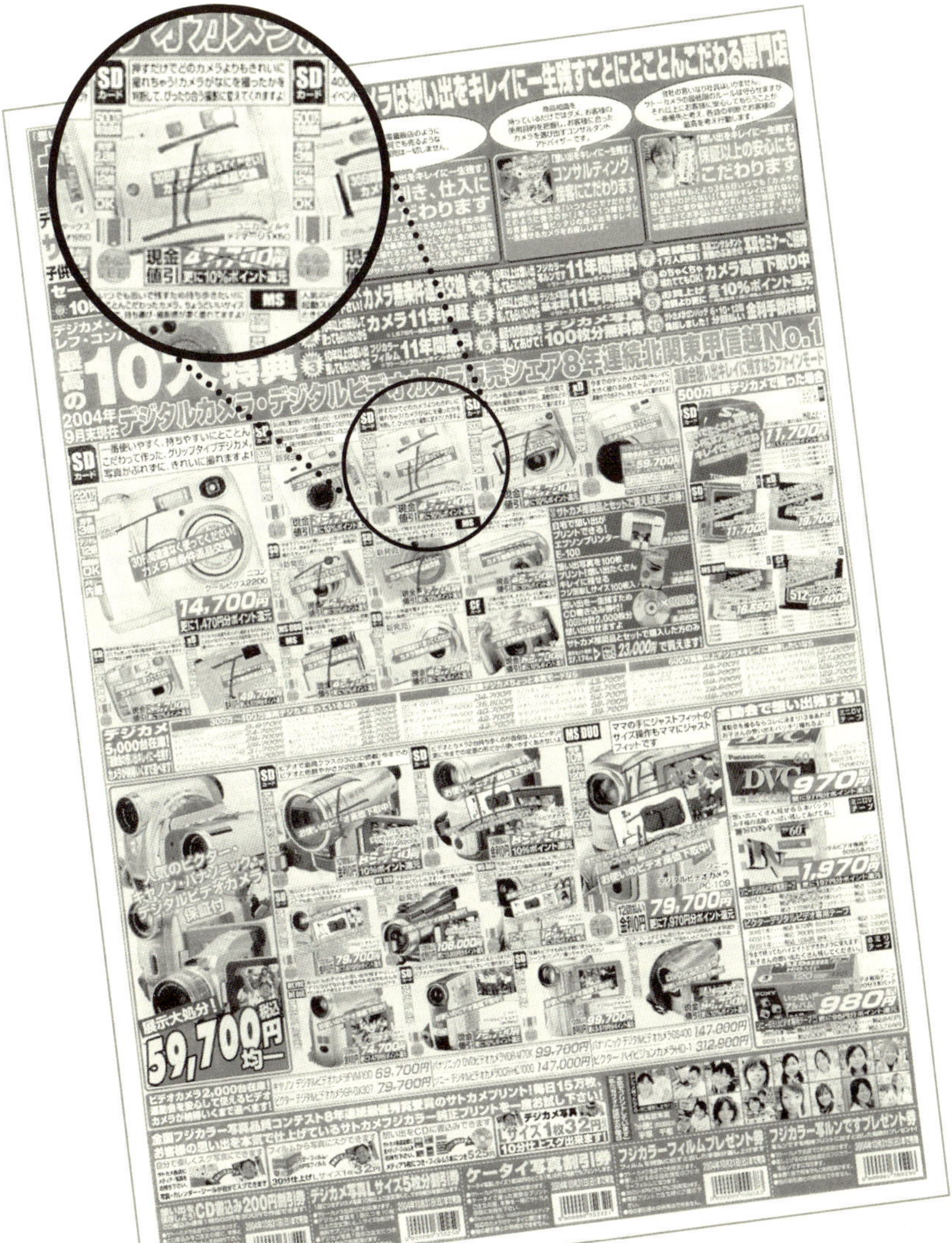

◎チラシをつくる前に考えるべきこと

もちろん、チラシの大きな役割は、商品を売るということですが、基本的に「売れるチラシ」というのは、「だれに」「何を」「どのように」を考えながらつくります。

「だれに」とは、どのようなお客様に買ってもらいたいのか、ということです。

「何を」とは、どういう商品なのかを明確に伝えることです。

「どのように」とは、どういう売り方をしているのか、ということです。

しかし、これだけでは地域ナンバーワンのシェアが取れる一番店にはなれません。

さらに、「なぜ?」、「どうして?」というキーワードが必要になってきます。

「なぜ今、そんなセールをするのか?」、「なぜ、あなたの商品は安くなったのか?」、「なぜ、あなたの商品がよいのか?」、「なぜ、あなたの商品がお客様にとってよいのか?」、「どうして、あなたの商品を売らなければならないのか?」、「どうして、あなたの商品がお客様におすすめなのか?」

これらのことを突きつめていくことによって、あなたがその商品を仕入れた意味や考えといった情報が、社員へ、売場へ、そしてお客様へと伝わっていくことで、はじめてあなたの商品は地域でトップシェアを取ることができるのです。

◎チラシは情報をつなげるツール

このように情報を伝えることを、私は「**つなげる販促**」と言っていますが、大手企業ではできない、しかし中小企業でも今、もっとも不足している部分だと思います。

そして、この一連の情報をつなぐツールとして、チラシがもっとも有効ではないかと思います。もちろん、「DM」でも「手配りチラシ」でも、目に見える形になっていれば、何でもいいのです。この場合、チラシの内容がどうということではありません。あくまで、「つなげる販促」のツールとして、最大限に現場で活用していってください。

そして、今回のセールが意味する社長の考え、商品構成や価格構成などについて、「なぜ今、この商品がこの価格になったのか」、「なぜ、この商品を中心に仕入れたのか」、「どのようなお客様のために、この商品を仕入れたのか」などなど、この商品を売る意味、仕入れた意味、これらの情報のすべてを1枚のチラシに込めるのです。

そして、チラシを通して一人ひとりの社員に、丁寧にあなた自身の思いを説明していくのです。このとき、面倒がって売場の責任者だけですませようとしてはいけません。お客様と直接ふれ合う販売員にも、直接あなた自身の思いを伝えるのです。

このような一連の行動が、全社員を巻き込んでいきます。

◎情報は、社員→お客様へと伝わっていく

時期、季節、状況によって変化する、あなたの会社の商品戦略や販売戦略をそのつど、繰り返し繰り返し、社員に伝えることで社員の意識が変わり、お客様に情報が伝わるスピードも速くなっていきます。

さらに、売場が変わっていきます。それがお客様の意識も変えていくのです。

このように売れるチラシは、社長の考えや商品戦略などを全社員に伝えることで、お客様にも伝わっていくという作用を持っています。

チラシ1枚の中には、商品を仕入れた理由、状況、背景など、さまざまな理由と戦略が詰まっています。そういった情報を社員と共有し、お客様に伝えるのがチラシの役目でもあるのです。

社員＝売場＝商品＝お客様。この図式を理解し、この頭に社長の商品に対する考えと意思をつなげると、あなたの商品は地域でトップシェアを取ることは間違いありません。

◎チラシは売れる商品の魅力を引き出す

このようにチラシを活用することによって、それまでは魅力を感じなかった商品でも飛ぶように売れはじめます。それほど力を入れなくても、飛ぶように売れます。また、ベテラン

の社員でなくても、飛ぶように売れていきます。

よく考えてみてください。世の中、そんなに桁外れにすばらしい商品ばかりが売れているのでしょうか？　本当にすばらしい商品は案外、メーカーが商品力を過信しすぎて、売れていないことが多いのです。

「もっと売れる商品がほしい」、「黙っていても売れる商品がほしい」と、みなさんよく言います。では、もっと売れる商品とは何でしょう。売れる商品を当てるとはどういうことなのでしょうか。

メーカーサイドから言わせてもらうなら、すべてが売れる商品です。売れる商品しかつくっていないのですから当たり前です。最初から、売れない商品を企画開発して発売するメーカーなど、1社もありません。

もちろん、ときには「アレッ？」という商品もありますが、ほとんどの商品は、小売側の販促力不足のため、売れずに残っている商品のほうが圧倒的に多いと思います。

売れているヒット商品とは、メーカーは黙っていても売れることを知っているため、どこでも売れるわけですから競合ライバル店も多く、われわれ中小企業にとっては、サッパリ儲からない商品でもあります。

そうした商品は大手にばかり流れ、私たちに回ってくることはありません。大手企業の場合は、そういった商品を確保するため、躍起になって先物買い的な仕入れを行なっています。

大手企業に憧れるのはけっこうですが、「売れる商品」という幻に振り回されているばかりでは、私たち中小店の存在意味はありません。

◎中小企業の商売の意義を再認識しよう

私たち中小店の存在意味は、市場動向がどうのこうのではなく、毎日の商売で目の前にいる地域のお客様を十分に理解したうえで、そのお客様に合った商品を、意思を持って仕入れることにあるのです。

世の中に出回っている、たった1％のヒット商品よりも、地域の人が求める99％の埋もれたよい商品を見つけ出して、「つなげる販促」、「チラシ販促の活用」でたくさん売ることです。そこに、われわれの存在価値や店の個性があり、また儲けが発生するのです。

結局、市場動向レベルではないのです。あなたの会社のチラシ活用レベルによって、売れる商品が変わってくるのです。

ですから、売れる商品を探すのではなく、「あなたの目利きで、売るべき商品を選び出し」、チラシを通して経営者と社員、お客様をつないで商品を売り出すのです。

3章

だれに何を売りたいのかハッキリさせろ!

1 個人の〝好き嫌いレベル〟では商売にはならない

◎ウソくさい商売はやめよう

東海地域のあるリフォーム屋さんが、私のところに相談に来ました。

「売上げを上げたい」、「できれば、流行のエクステリア（庭）で売上げを上げたい」と言うのです。そこで私は彼に、「あなたは何屋さんですか?」とたずねました。

「私はリフォーム屋です」と、彼は答えました。そんなことはわかっています。しかし私は、そんなことを聞いているのではありません。

簡単に言うと、「私はリフォーム屋です」というのは、「私はスポーツ選手です」と答えるようなものです。ひと口にスポーツと言っても、サッカーと野球では鍛えるところも違ってきます。

私は、「何のスポーツをやっているのですか?」と聞いているのです。

天下のマイケル・ジョーダンでさえ、バスケットでは世界一でしたが、野球選手では三流で終わりました。

するとその彼は、もともとは「水道屋」だと言うのです。ということは、水道屋が流行のエクステリアを売りたいということなので、「ウソくさい商売ですね」と皮肉を言いました。さらに、「なぜ、庭を売りたいのか？」と聞いたところ、すぐに返ってきた答えが、「儲かるんですよ。1件で50～100万円も儲かるんですよ」というものでした。

彼は、もともとは水道屋で、庭はつくれないのですが、注文を請けたら、仕事はすべて知り合いの庭屋に丸投げしていたのです。

しかし、そんなインチキな商売を続けていたのでは、3年ももたずにつぶれてしまうことでしょう。

◎自分の得意な分野でスペシャリストになろう

私は、「なぜ水道屋なのに、得意な水回りの仕事をしないの？」と聞くと、「蛇口の修理では儲からないんですよ」と答えました。

はたしてそうでしょうか。

水道屋が、主力商品である水回りをきわめたら、キッチン、風呂場、トイレなど、お客様と長くつき合える商売になると思いませんか？　一方、水道屋がすすめる庭など、だれが信用するでしょうか。

その社長は、「儲かるから」という理由だけで、庭造りを請け負っては丸投げしていました。つまり、瞬間の儲けだけが頼りのインチキ商売というわけです。

このように最近、少し勘違いしている人が多いようです。実はあなたには、それほどの才能などないのです。自分自身を過大評価している人が多すぎるのです。

リフォーム屋もそうですが、自分の得意なところでスペシャリストにならずに、何ができるというのでしょうか。儲からないのは、商売が悪いのではなく、商売のしくみの問題なのです。

たとえ、よいサービス、よい商品をつくっていても、お客様がサービスを知らないから来ないというのであれば、お客様はそのサービスを利用したり、商品を買うことはできないということです。

2 最初はまったく売れなかった私の店

◎サトーカメラ、オープン初日

１９８８年12月の寒い冬の日、60坪の店舗に約15台の駐車スペースを持った、夢のカメラの大型専門店サトーカメラは、栃木県人口２００万人、同業カメラ店約２００店がひしめくなか、宇都宮市に1号店を出店しました。

時代はバブルの絶頂期だったため、何とか金融機関から資金を調達することができました。その当時、栃木県内にはカメラの大型専門店で郊外型の店舗はなく、サトーカメラはまさに県内初の店でした。

そして、宇都宮市の中心地にあった、大繁盛カメラの大型専門店と同じ規模の店をつくったのです。この程度の規模の店なら、その大繁盛店と同じく、「月商5千万円は売れるよ」と、無責任なアドバイスをしてくれる人もたくさんいました。

ところが、いざ出店してみると予想とは裏腹に、結果はまったく違ったものでした。

私は、あの大繁盛店と同じ規模の店さえ出店すれば成功するものと考えていました。見通

しの甘い私は、栃木県初の郊外型ロードサイドのカメラの大型専門店を出したということだけで喜んでいたのです。

◎なかなかお客様が来ないのはなぜか？

映画なら、店を出した時点で、夢がかなってハッピーエンドで終わるところですが、現実はそうではありませんでした。

夢だったカメラの大型専門店をオープンしたものの、閑古鳥が鳴きっぱなしでした。店を出したものの、お客様がまったく来ないのです。

しかし、オープンセールの３日間だけは、夢のようにお客様が来てくれました。

このカメラの大型専門店を出店する前までは、月の売上げが１００万円しかない小さなカメラショップでしたから、オープンして１日目の金曜日に、１日で１００万円の売上げがあったときは、それこそ感動ものでした。

自分にとって、生まれてはじめての売上げを経験したのです。頭ではわかっていても、当時の私には信じられない売上げでした。１日に４万円しか売り上げたことがない男が、いきなり25倍の１日１００万円を経験したわけです。

「この調子なら、間違いなく成功する！」と、完全に思い込みました。

そして2日目、さらに3日目。

この勢いはさらに続き、「これで俺も成功者だ！」と、兄と手を取り合って喜んだものです。

そしてふと店内を見渡すと、オープンの3日間はオープンセールということで、各メーカーの営業マン20人が手伝いに来てくれていました。オープンの3日間、商品知識もあり営業力もある彼らが、私たちに代わってカメラを売ってくれたのです。

まったく信じられない話ですが、オープンセールの3日目の夕方、初めてそのことに気がついたのです。

◎明日からどうなるのか……？

私も兄も、2人でやれば十分と軽く考えていたのです。何とかなるだろうと思って店を出したものの、予想以上の反響で、兄と2人で顔を見合わせ、「明日の月曜日からどうする？手伝いはもう来てくれないの？」、「このままではまずいなあ」と、やっと気づいたのです。

今なら笑える話ですが、それからの私の行動はさらに笑えます。

私は、そのとき手伝いに来てくれていた営業マンに、必死になって聞きまくっていたのです。

佐藤　「あのー、このくらいの規模の店なら普通、店員は何人ぐらい必要ですか？」
営業マンA「最低4人ぐらいは必要でしょう」
営業マンB「いや、7人はいないと回せないよ」
佐藤　「へぇー、そうなのか……」
と、聞くだけなら参考になりますが、現実には私と兄の2人しかいないのです。
そこで、カメラの大型専門店のド素人店長である私は、さらに営業マンに聞きました。
佐藤　「この程度の規模のカメラ専門店は、普通、何時頃まで営業してるの？」
営業マンC「だいたい、8時頃までやってますよ」
営業マンD「いや、私の知っている限りでは、9時閉店が多いね」
と、いろいろと教えてくれました。
佐藤　「ああ、そうなんだ。9時までかぁ……」
佐藤　「こういう大型専門店というのは普通、定休日は何曜日なのですか？」
営業マンE「いゃあ、このクラスの店舗に定休日なんてありませんよ。年中無休です」
私はそれまで、日曜定休というスタイルで商売をしていましたから、かなりのカルチャーショックを受けました。
「年中無休で、朝の10時から夜の9時まで営業か……。どうしよう……」と、言葉も出ませんでした。

今思えば、信じられないほどの大ばか者です。

とにかく、オープン当初は兄が写真の現像を担当していましたから、私が店長を務め、接客から写真の受付、掃除、店づくりに売場づくり、仕入れ、発注、品出し、ＰＯＰに陳列、チラシづくりと、何から何まですべて１人でこなしていたわけです。

オープンした以上、とにかくがんばるしかなかったのです。

年中無休が普通だと言われれば、当然、われわれも休みなしでがんばるしかありませんでした。

◎それでも来ないお客様

しかし不思議なことに、毎日毎日一所懸命がんばっているのに、お客様はまったく来ませんでした。オープンセールの３日間を過ぎてからは、まったくと言っていいほど、お客様は来ませんでした。

そんなことは、だれにだってわかります。こんなインチキな店は潰れて当然です。そんなインチキな商売を、オープンセールの３日間でお客さんに見ぬかれたということです。ですから、この頃は最悪の状態でした。

休みがないうえに売上げもない、給料だってろくに出るわけがありません。バブルの絶頂期であるにもかかわらず、私の月の給料はたったの10万円でした。バブルの絶頂期ですから、今よりも物価はずっと高い時期でした。そんな時期に給料が10万円というのは、本当に厳しい状態でした。

こんなにがんばって、毎日仕事をしているのに、なぜお客は来ないのだろうと思う反面、絶対にいつかは報われる、「絶対に成功者になるんだ」と夢見て、毎日仕事をしていました。当時は、まったく売れない店の見本のような、「地域不人気一番店」だったわけです。

これからどうしたらいいのかすら、まったくわかりませんでした。今ではどうにか成功できた私も、当初は普通にダメな店長、商売人だったわけです。

そんな私でしたが、現場ではいつもいろいろと考えていました。当時の私にとっての最大の勉強法は、メーカーや問屋の営業マンの話を聞くことでした。

その当時は、セブン‐イレブンをはじめとするコンビニの快進撃があり、イトーヨーカ堂やダイエーも絶好調だった時代です。日本のトップ企業に勤める営業マンも、社内でいろいろと勉強していましたから、それこそ営業マン＝総コンサルタントという時代でもありました。

売れない私の店にやってくる営業マンは全員、口を揃えてこう言っていました。「店を入って左側には〇〇を置かなきゃダメだ」、「××という法則があります」、「これじゃあダメだ、あれじゃあダメだ」――売れないことを知っているからこそ、さも得意気に言ってくるわけです。

しかも、当時24歳の若造の私を相手に、営業マンは、まるで先生にでもなったかのように、「これだから、お客が来ないんだ」、「ここが悪いから来ないんだ」と、罵るように言うのです。

そして最後には、「場所が悪い」、「駐車場が悪い」、「店の前の道路が悪い」となってしまうのです。みなさんもお客が来ないと、このように思いたいときもあるでしょう。しかし私は、「いい加減にしろ！　冗談じゃないぞ」、「そこまで言うなら、お前がやってみろよ！」と言い返したこともあります。

◎「経営執念」が行動を変えた

私の中では、出店した以上、ここでやらなければならないし、今さら店を変えるわけにもいきません。

また、私にだってプライドはあるし、絶対に負けたくないという気概もあります。他人にそこまで言われる筋合いはない、とも思いました。

そしてようやく、「冗談じゃない、どんなに最悪な場所だろうが、絶対にここで成功して見返してやる！」という気持ちになれたのです。まさに、「経営理念」ならぬ「経営執念」でした。

その日から、「他人の話や考え方は、参考にするが頼らない」と、自分の考えをしっかり押し通していくようになったのです。そして、他業種だろうが、自分がいいと感じた店のいいところを、自分の店や自分の商売のやり方に落とし込むようにしました。

この頃から、商売に対する意識が少しずつ変わっていったのだと思います。

そんなある日、日本一の巨大家電量販店をのぞいてみたところ、カルチャーショックを受けました。テレビコーナーには１００種類ほどのテレビが展示してあり、しっかりと品揃えしてありました。ビデオデッキも同様の品揃えです。どれを見ても何を見てもド迫力の品揃えで、まさにすごいのひと言でした。売場もまた、何千坪という大迫力でした。

一瞬、私のサトーカメラが情けなく思えました。「あれっ？　俺は今まで何をやってきたのだろう?」。テレビを5、6種類並べてみたり、ビデオデッキも2、3種類品揃えしてみたり、パソコンも2、3種類、ちょこちょこと品揃えしていたのです。あの圧倒的なスケールの大きさを目の前に見せつけられて、素直に「これじゃあ、かなうわけがない……」と思うしかありませんでした。

当時のサトーカメラの商品構成は、どれもこれもメーカー営業マンに、「これは売れますから」、「この商品はどこでも売れていますから」と言われては、「売れるなら置こう」という理由だけで品揃えをしていたのです。何の主体性もなく、「売れるから」という理由だけで商売をしていたのです。

◎もう「インチキ商売」はやめた！

私の店には何のポリシーも主体性もなく、また戦略もありませんでした。ただ、メーカーの営業マンが言う、「これは置いておくだけで売れるよ」という言葉だけを頼りに仕入れて品揃えをしていたのです。

そして、何でもいいから売れればいい、というインチキ商売をしていたことに気づいたのです。いくらまじめに仕事をしても、肝心の商品構成がインチキでは、お客など来るわけがない、ということにようやく気づいたのです。

そのとき、「自分は何をやっているのだろう」と、とても情けなく感じました。しかしその反面、せめてひとつだけでもいいから、商売人として自信を持って商売をしてみたいと思ったのです。あの巨大家電量販店にも勝てるような品揃えをして、堂々と商売をしてみたいと思ったのです。

そこから、「自分の店は何屋なのだろう？」「自分は何が得意なのだろうか？」という疑問に素直に向き合いました。自分はカメラ屋だということはわかっています。看板にも、「サトーカメラ」と書いてあるのですから当然です。

しかし、無責任な商品構成と品揃え、さらに家電量販店の見よう見真似の中途半端な品揃えという商売をしていました。

「自分の店は何屋なんだ！　俺の店は何屋だ！　カメラ屋か？　カメラ屋だよな！」――家電屋でもなくテレビ屋でもない、またパソコン屋でもない。そこではじめて、本当の意味で自分の店はカメラが得意なカメラ屋であることに気づいたのです。

「想い出をきれいに一生残す」――そのための道具としてカメラがあり、そのカメラと写真だけに徹底的にこだわった、本物のカメラの大型専門店の商売をしよう。売れれば何でも売るような、無責任なインチキ商売は、今後一切しないと決心したのです。

◎県内ナンバーワンのカメラ超専門店をめざす

このときはじめて、頭の先からつま先まで、全身でサトーカメラの商売の目標と目的を感じとったのかもしれません。

何千坪もの巨大家電量販店はたしかにすごいものですが、いくら巨大店でも、カメラ売場だけを見れば40坪弱、私の店のほうが大きいではありませんか！

また、カメラの品揃えにしても、私の店のほうが多い。あの世界一のウォルマートでさえ、カメラ売場だけを見れば50坪弱です。たとえ、ウォルマートが栃木に出店してきても、カメラだけなら勝てます。当時のカメラの品揃えに関して言えば、むしろ私の店のほうが品揃えも豊富でした。

よし、もっとカメラの品揃えを増やそう——私はそう考えました。そして、カメラ以外の商品はすべて売場から撤去、処分したのです。その浮いた資金と空いた売場を、さらに一眼レフカメラ、コンパクトカメラ、ビデオカメラなどのカメラ用品と写真用品の品揃えにして、カメラに関してだけは、圧倒的に「質・量」ともに巨大家電量販店にも負けない、県内ナンバーワンのカメラ超専門店をめざしたのです。

3 自店・自社の得意商品を見つけ出そう

◎得意商品で一点突破しよう！

得意商品の見きわめ方のひとつの例として、市場占有率＝「シェア」を目安にするといいでしょう。

あなたが現在、チラシを撒いているのであれば、単純に、**チラシの配布枚数×3人＝商圏人口**となります。

チラシを撒いていないのであれば、県単位でも市町村単位でもかまいませんから、とにかく自分の地域、自分の商圏で、自分が売っている商品ごとのシェアを出すのです。

あなたの店で売っている商品ごとのシェアを出すことによって、あなたの店の得意な商品を見つけ出すことができます。

商品ごとのシェアを分析することで商品を再認識したり、思ったよりシェアが低いことがわかったり、さらには、今まで意識していなかった商品が、意外にお客様から支持されていたということがわかるようになり、あなたの得意商品が自然に浮かび上がってきます。

また多くの専門店では、お客様に支持されている「得意商品」を疎《おろそ》かにしている場合が、多く見受けられます。

彼らは、「自分の店は、この商品が売れていることはすでに知っている。また、支持されていることも十分に知っている。だから、得意商品は黙っていても売れるから、そのままでいい」と言います。

そして、「それより、この売れない商品をどう売っていったらいいものか……」と、別の商品を心配する人が多いようです。

なぜ、わざわざ苦手な売れない商品を何とかしようと考えるのでしょうか？　苦手な商品を、一所懸命伸ばそうとしたために、しだいに商売が、売れない深みにはまっていく場合も少なくありません。

それよりも、自分の得意な商品を見つけ出し、さらに2倍3倍売って伸ばすことを考えたほうが、お客様が望む商品構成になっていくはずです。

◎シェアが、微々たる数字しか出てこない場合

こんなときは、昨年対比を用いて自社の過去の実績と比べて、もっとも伸びている商品を得意商品と考えていいでしょう。

さらに、昨対比もわからなければ、過去のデータも取っていない、要するにシェアを出そうにも出るわけがないという場合はどうでしょうか。このような店は、全国にたくさんあります。

「それじゃあ、私の会社はダメなのか⁉」と思われるかもしれません。しかし、悲観することはありません。それこそ、まったく心配しなくても大丈夫です。シェアやデータ、昨対比なんて言ったところで、しょせん過去の記録にすぎないからです。

あくまでも自社、自店が、どの商品を得意商品とするか、それを見きわめるための単なる資料づくりにすぎないからです。

自社、自店は、どの商品のどの部門を得意商品にするのかを調べるために、「データがあると便利」というだけのことなのです。

データがないなら、それでもいいのです。そんなときこそ、われわれの商売勘や社長、店長の意気込みで得意商品を選ぶしかありません。

実は、わがサトーカメラもそうでした。今では、一眼レフカメラ部門、県内シェア約80％も取らせていただいていますが、１９８９年当初は、それこそ０・０１％以下でした。さらに、オープンしたばかりですから、昨対比すらありませんでした。

そのような現実に対応しながら、実践して証明してきたわけですから、「シェアや昨対比、過去のデータから、あなたの得意商品を見つけなさい」などとは言いません。

得意商品を見つけ出すのにもっとも大切なことは、「自分は絶対に、この得意商品で勝負する」という意気込みと熱意なのかもしれません。

◎自分が決めた得意商品なら一般常識に流されるな！

「そんなことを言われても、うちの会社は特別な業界だし、まったく職種が違うから……」などと言う人もいます。


「世の中の流れがこうだから……」、「この商品は、これから下火になるから……」、「あの商品のほうが、これからの時代にマッチする……」などと評論家のようなことを言います。

そんなことは、だれだって知っています。

それを言いはじめたら、一眼レフカメラもコンパクトカメラも、日本の市場全体から見ると、売上げはどんどん下降線をたどっている商品でした。県内に約２００店もひしめくカメラ店以外でも、ディスカウントストアやホームセンターでも、カメラは安値戦争状態になっていました。またきわめつけは、北関東の家電安売り戦争で有名な巨大家電量販店のお膝元だったことです。

ここで重要なことは、自店の得意商品を決めることであって、何も世間一般の商品ライフサイクルの成長カーブなんか関係ない、ということです。競合他店にしても、いっさい関係ありません。

あなたが得意商品にトコトンこだわって、あなたの商売と得意商品が一体になって、あなたの商売の成長カーブを、あなた自身がつくり出していくのです。それをお客様は、われわれ中小企業に望んでいるのではないでしょうか。

さらに、日本のタテ社会を象徴するような、こんな出来事もありました。

「同じ業界の先輩が、先に得意商品としてがんばっているのだから、その商品に力を入れるのはやめよう」といった意見もよく耳にしました。

しかし、よく考えてみてください。

業界や組合は、あなたの店のお客様ではありません。商品を買っていただくのはお客様であって、まわりの同業者でも先輩でもないのです。

自店で、お客様に「これを売りたい！」という商品については、遠慮は絶対に禁物です。それこそ、地域のお客様に対して失礼です。

当時、栃木県内には200店近いカメラショップがありました。私がスタートラインに立たせてもらったのは、限りなく200番に近いビリのほうでした。業界、組合、先輩に遠慮などしていたら、私たちの商売は成り立たなかったはずです。

得意商品を決めるのは**自分**。

その商品をどこで買うかを決めるのは**お客様**。

業界全体で、業界の品質技術向上に取り組むのが**組合**、ではないでしょうか。

◎あなたの情熱が得意商品を決める

どこから見ても、常識的には減退期に入っているカメラそのものは、「置けば売れる」という商品でもなければ、生活必需品でも生活の基礎品目でもありませんでした。

しかし、このやっかいな「得意商品」を扱ったおかげで、私は着実に、独自のマーケティング・ノウハウを得ていくことができたのです。

得意商品部門だけに絞り込んだ得意商品一点突破から、約1年間の試行錯誤の結果、本格的に1品目にまで絞り込んだ得意商品一点突破へと進化していったのです。

この進化というのは、単純に言わせていただくと、以下のようになります。

たとえば、1ヶ月間で同じような一眼レフカメラを50台売ったとします。

この場合、各メーカーから計5種類の一眼レフカメラを仕入れて平均10台販売したのでは、どうしても、1品目に対する仕入れが安くなりません。

しかし同じ50台でも、1機種で50台を売るとなると、一般の仕入れより安くなったのです。

さらに、１機種で１００台まとめて仕入れたとすると、一般の仕入れより、さらに安く仕入れることができました。それがまた、ひとつのエリアだけであれば、さらに好条件になりました。

メーカー主導のマーケティング時代だった当時は、「よい物をつくれば絶対に売れるという神話」の中で、テレビＣＭをどんどん流しては人気商品をつくり出し、小売業には、販売量による回転で利益を生み出す方法を取らせていました。すべてのカメラ店、電気店は、このような手法を取らされていたのです。

その結果、小売業はメーカーのＣＭと人気商品だけが頼みだったわけです。ですから、人気商品が発売されないと、販管費を下げて凌ぐことで精いっぱいでした。

そして人気商品は、それらを仕掛けたメーカーだけが、しっかり儲かるしくみになっていました。そのため、人気商品は絶対に安く仕入れさせてはもらえませんでした。

しかし、テレビでＣＭが流れるような人気商品はすばらしいのですが、私自身は、メーカー主導のマーケティングによって何も考えずに売るという、小売の自動販売機化に疑問を感じはじめていたこともたしかでした。

そこから考えて、こんな売り方をしてみました。

◎発想を変えるとこんな売り方ができる

たとえば、お客様のカメラの使用目的によっては、機能も性能も内容もデザインも、間違いなく人気商品よりワンランクグレード上の商品を大量に安く仕入れたのです。そして、ワンランクグレード下の、テレビＣＭで売れている商品と同じ売価まで値下げして販売してみたのです。

人気商品がほしかったはずのお客様は安く、しかもグレードが上のカメラが買えることになり、サトーカメラで買い物をして得をしたと喜ばれました。

とくに、一眼レフカメラの本質である、写真をきれいに残したいという客層に受けたのです。

またさらに、ビデオカメラではこんな販売もしてみました。

その当時は、ビデオカメラにどんどん新しい機能が増えてきて、高付加価値のビデオカメラがブームでした。

そんなとき、「こんな機能まで、実際に使うのか？」という、消費者として素朴な疑問を抱いたのです。ちょうど私にも、１歳になる息子がいました。もちろん、子どもを撮るためだけなら、実際にはそれほどたくさんの機能は使いませんでした。と言うか、使い切れなかったのです。

そんなことから、ビデオカメラは写りだけを重視して、人気機種と同じ高画質のグレードでも、よけいな機能を省いた、ワンランク下のビデオカメラを大量に、さらに安く仕入れたのです。売価は、黙っていても売れる人気機種より、約10％から20％安い価格帯で売りました。

ここでもお客様からは、サトーカメラで安くてよいものが買えたと喜ばれました。

とくに、ビデオカメラの最大のターゲットである、子育て中の客層に受けました。

また、各カテゴリーの2番手、3番手ブランドを一所懸命売ったとします。その結果、2番手ブランドの中で1番店になったとしても、絶対に地域の1番店にはなれないと思っていました。

そのため、信頼度抜群でトップシェアを持つトップブランドの商品を徹底的に売っていけば、地域のお客様に支持される一番店になれるのではないか、という予感もありました。

そんなトップブランドの中でも、影に埋もれたよい品やトップブランドのめだたない商品を見つけ出しては、徹底的にその一品の長所や短所、さらに裏の裏までを研究し、ときには工場にまで足を運んで、納得するまで調べ抜き、このような、一品を大量に仕入れては、そこからお客様に提案して売り切っていったのです。

このような、一品に対する販売力とバイイングパワーが、サトーカメラの圧倒的な競争力になったのだと思います。

しかし、その一品を見つけ出すには、毎日毎日の商売とお客様の反応だけが頼りだったのです。

ビデオカメラ・一眼レフカメラ・コンパクトカメラはもちろん、カラーフィルムにしても、「写ルンです」にしても、ビデオテープにしてもそうでした。

これは、まさに世界のトップメーカーがつくり出すグローバルスタンダードなマーケティングでもなければ、また、全国平均のマスマーケティングでもない、地域の中小専門店がつくり出す、まさに本物のエリアマーケティングだったのかもしれません。

4 商品へのこだわりが、店の存在感を大きくする

◎商品へのこだわりから売り方へのこだわりへ

前項のような売り方ができたのは、メーカー側から発する支配型のマーケティングだけを聞いていればよかった、高度成長時代の従来型のマーケティングから自立して、独自のマーケティングを、周囲の環境のおかげで自然に展開していくことができたからだと思います。

だからこそ、その一品にこだわって、責任を持ってお客様にすすめることができたのです。

これだけこだわって仕入れた商品なのだから、商品知識は当たり前、売り込むためにも陳列、店づくり、ＰＯＰ、チラシ等々、販売促進にもバカみたいにこだわったのです。

われわれは地域のカメラ店の代表として、自分たちの目利きを信じ、それこそ命がけで仕入れた、命の次に大切な得意商品を売っていたのです。

さらに、黙っていては絶対に売れない趣味嗜好性の強い耐久消費財、商品ばかりを扱っていたのです。

また90年代は、われわれのような中小企業には、そのような「黙っていても売れるような

人気商品、勝手に売れる夢のような商品」など、入ってくるわけがなかったことも事実でした。大手量販店ですら、夢の人気商品をもっと大量にほしがるわけですから、そちらに流れてしまうことは十分に予想できていました。

たとえ、そんなだれにでも売れる商品を仕入れられたとしても、われわれのような中小企業がいくらがんばって売ったところで、価格競争に巻き込まれ潰されるのが落ちです。さらに天下のメーカーも、夢の人気商品はいくらでも売ってくれる店はあるので、そんなショボイ販売量では、見向きもしてくれなかったことでしょう。

◎売り方のこだわりで異色の小売店になる

とくに、カメラメーカーや電機メーカーのような世界のトップ企業は、彼らメーカー側が考えるマーケティング戦略だけを信俸していて、われわれ小売業から考えるマーケティング戦略などは、一切認めなかった時代でもあったのです。

とにかく、よくも悪くもメーカー主導の体制下にありました。メーカーに逆らえば、商売などできなかった時代だったのです。

またメーカーも、販売量でしか判断できなかったのでしょう。そのため、中小小売業の商売などはまったく疎かにされていました。

たまたま、販売量から販売質にこだわる戦略発想に行き着いたのも、そのような時代背景があったからでしょう。

しかし、いくら強がっても、トップブランドがつくる人気商品などというものは、せいぜい全体の10％程度です。いくらトップブランドでも、売り込まなければ売れないよい商品が、一般的には約90％を占めていたのです。

メーカーの本音でもある、そんな商品を見つけ出しては、人一倍バカみたいに売っていったのです。

そんな商売のやり方によって、メーカーから見てもサトーカメラは、全国的にも異色の存在になっていったのです。

◎こだわりの一品の、1店での販売量こそ商売の生命線

そのような存在になっていくにしたがって、メーカーとのパイプも太くなり、お客様にとっても一般的な人気カメラよりも、サトーカメラなら実際のお客の用途に合ったよいカメラが、もっと安く買えるというしくみが自然と出来上がっていったのです。

またこの頃は、サトーカメラもまだ地域のお客様には認知度も低く、信用も安心もありませんでした。

だから、そのトップブランドの一品を徹底的に山積みすることによって、その品揃えと量感から信用と安心を生み出す演出にもつながっていったのだと思います。

圧倒的なトップブランドの在庫量によって、お客様はサトーカメラを信用してくれたのです。

いくら店長がいい人でも、商品がなければその店では買えないし、店頭陳列がスカスカの状態であれば、いつ潰れるか、と不安に思うはずです。

やはり、トップブランドの品揃えと量感にはこだわります。これは、今でもサトーカメラの商売の根幹であり、基本となっています。

そして、サトーカメラの商品競争力とは一品に着目したときの1店舗の販売量にありました。またこの販売の質が、競争に強い店にした要因だと思います。

5 市場シェアが地域での認知度となる

◎あなたの商売のポジションを知ろう

一般的に、市場シェアにも「導入期」、「成長期」、「成熟期」、「安定期」があります。まず冷静に、自分の商売の市場での立ち位置を知ることが大切です。自分の商売はどの地域で、そして、今はどの位置にいるのかを見きわめるのです。

関東にある日本一の車検台数を誇る車検屋さんが、「最近、売上げが上がらない。どうしたらいいだろう」と相談に来られました。

話を聞いてみると、売上げもかなり大きく、間違いなく日本一の車検の繁盛店です。

次に、市場シェアを調べてみました。調べてみると、その地域でのシェアは30%も占めていました。

地域圧倒的一番店の車検屋さんであることが判明しました。しかもその車検屋さんはそれまで、安売り型のチラシを出していたのです。そのために、市場を30%まで取ることができたのです。

もちろん、安売りだけではない、すばらしいしくみもできていました。

しかし、そこから進化させることができず、ずっと売上げが伸び悩んでいたのです。

さすがに、ある程度成功していると、その成功法則からいきなり変えることは怖いものです。

しかし、30％シェアを占めているということは、単純に言えば、安いということは十分に認知されているということです。

認知されているということは、次の手を考えなくては、さらなる新規客は集まらない、という時期に来ていたのです。

◎女性客を呼び込むしくみと仕掛けをつくろう

この車検屋さんの現場を見に行くと、女性客が多くいらっしゃいました。車検屋で女性客が多いというのも珍しいと思いました。

もちろん、女性客を呼び込む仕掛けやしくみがしっかりできている会社だったからなのですが、残念ながら、チラシには反映されていませんでした。

私はすぐに、「よし！　『女性にやさしい車検屋さん』というキャッチフレーズでいこう」と提案しました。

この店の近辺でも、安いところはいくらでもあることはわかっていましたから、さらに、次の時期の戦い方が必要だったのです。

今回は、まだ来店したことがない残りの70％の新規客に向けて、一切価格を載せず、また女性客をターゲットにして、車検の面倒を一切省いた、電話１本ですむチラシを出したのです。

もちろん、一気にチラシを変えたこの車検屋さんの勇気には驚かされました。するど、「売上げは頭打ちで、もう上がらない」と言っていたはずのこの車検屋さんが、何と単月１３０％も売上げが上がったのです。

この車検屋さんの場合、ポイントは安売りチラシで市場を30％も取っていたということです。しかし、30％もの市場を取って成熟期になっていたにもかかわらず、まだ成長期と変わらない「安売り型チラシ」を撒いていたのです。

そのため今回は、車検を他店に出している既存の新規客の獲得を狙ってみたのです。

ここで重要なことは、自分の店の市場でのポジションを知らないことには、戦い方を変えることはできないということです。それを知ることによって、新たな局面を展開していくことができるのです。

◎自店のポジションを知り、それをうまく活かそう

この車検屋さんの場合、「安い」ということは、今までの実績で市場では認知されていましたから、今さらそれをうたい文句にする必要はありません。

実は、この車検屋さんは今回、チラシに値段は一切載せませんでした。それでも130％もアップしたのです。

その結果、「これが売れたチラシだ！」と噂になって、成功事例として世の中に出回ることになりました。自店の市場でのポジションすら知らない人たちが、単純にまねをはじめたわけです。

半年後の大阪セミナーのとき、価格が一切載っていないチラシをたくさん見かけました。私は、「おかしいな？」と思いました。

そして、「これは、どこかの成功事例のまねをしているのだろうけど、まねをして失敗したのだろうな」と思いました。

この車検屋さんの場合は、市場の30％を押さえていたため、値段を書かなくてもよかったのです。

「安い」ということが認知された結果が、シェアとなって現われてくるのです。

市場の30％を押さえた次の段階として、値段を乗せなくても130％アップさせるチラシ

がつくれたのです。

しかし悲しいかな、世の中に知れ渡ったのは「130%伸びた」という事実と「値段の書いていないチラシ」というツールだけでした。

このような手法を、たった5%程度の市場しか取っていない店がただまねをしても、お客さんは怖くて、来店することはありません。

実際、このチラシをまねた店は、お客様はまったく来なかったようです。当たり前です。やっている手法は同じでも、店のポジションがまったく違っているのですから、ただまねをしたところで、まったくダメなのです。

自店の市場でのポジションによって、チラシ戦略もまったく変わってくるのです。

■市場での自店のポジションを認識しよう

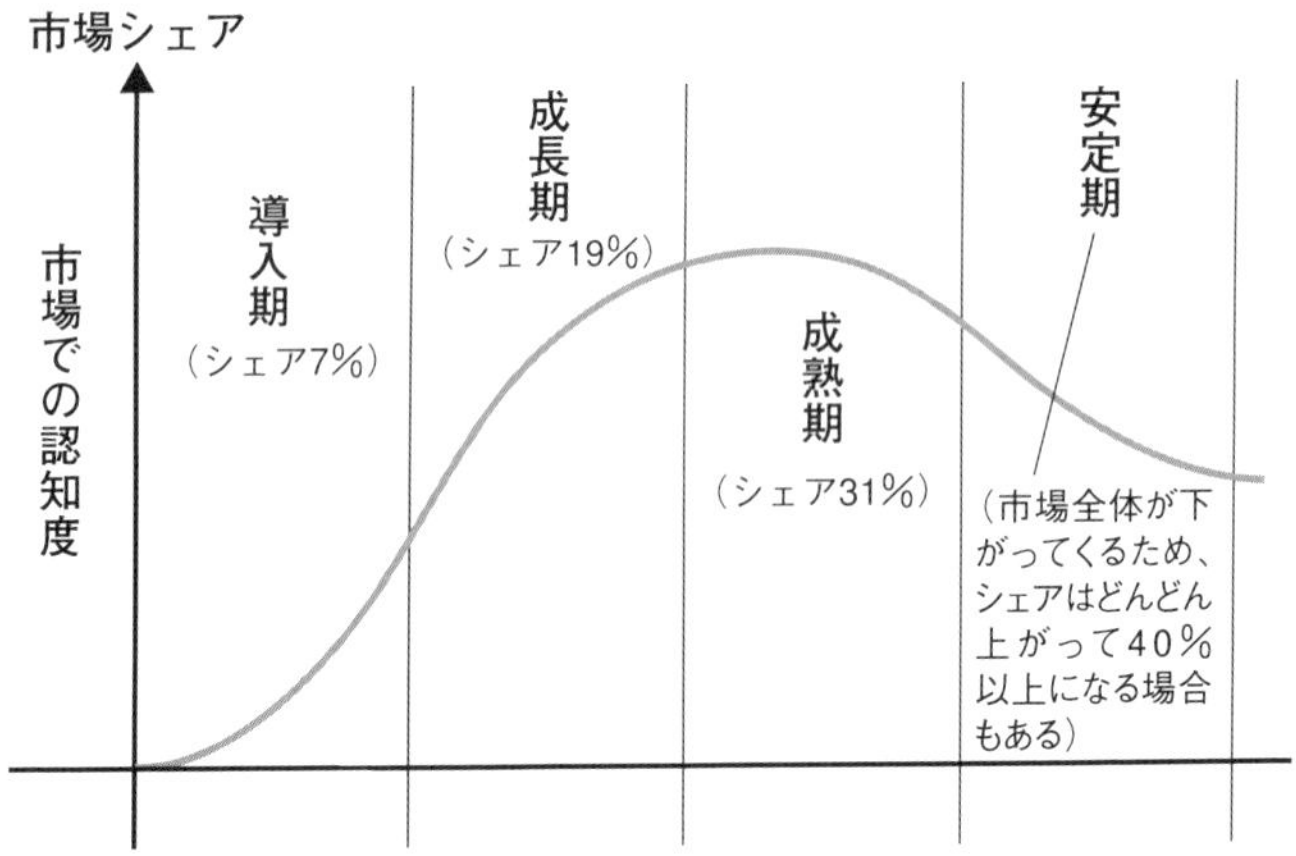

◎市場戦略を立てよう

このように、自店のその地域での実力を知らなければ、市場に向けての戦略が立てられません。

では、何を実力の基準にすればいいのでしょうか。

ここで間違えてはならないことは、「売上金額の規模ではない」ということです。

ここで、売上金額を基準にしてしまうと、大きな間違いを犯します。

売上一番店でもシェアが10％では、近い将来、大手企業や勉強しているライバル店にやられてしまいます。

地域での実力は売上規模ではなく、あくまでもシェアで判断するようにしてください。

つまり、売上レベルではなく、市場レベルで

■市場での認知度によってチラシのスタイルが変わる

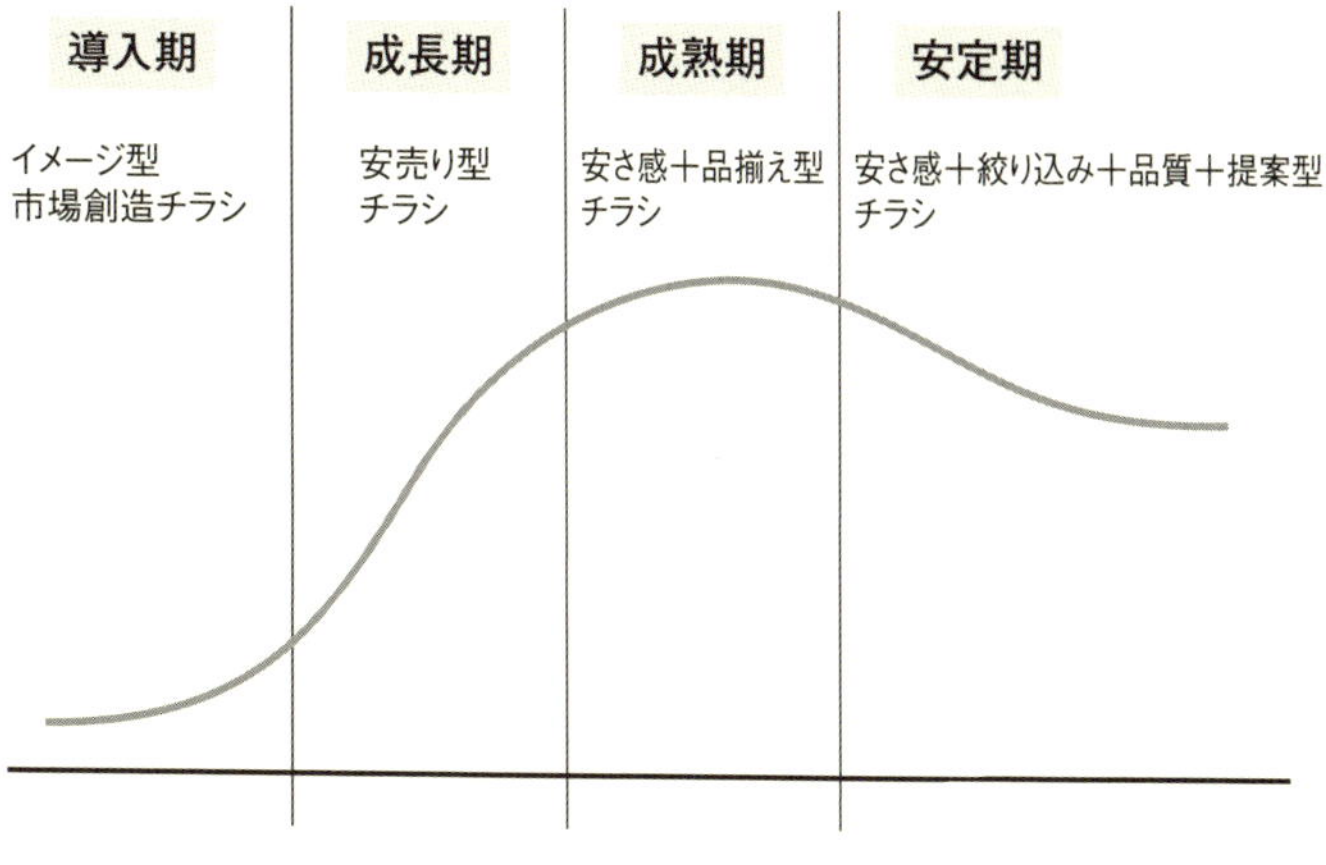

のお客様からの支持率によって、あなたの店のポジションを知るのです。

先の車検屋さんの例のように、シェアが30％もあり、安いということがすでに認知されている場合、次の手を打たなくてはならない場合もあります。

あなたの持っている市場シェアによって、チラシの攻め方も変わってきます。

それには、自店のポジションを再確認することです。

4章

チラシはみんなに受けようと思ってはダメ

1 自分の店をすべての人にわかってもらうことは不可能

◎中小店の売れるチラシとは

「デジカメほしい人！」と声をかけると、100人中100人が手を挙げます。
しかし、「デジカメを買う人！」と言うと、100人中、せいぜい7、8人でしょう。
「無料で差し上げます」と言われれば、だれだってほしいに決まっています。
しかし、お金を出して買う人というのは、デジカメの市場規模から言うと、100人中、だいたい7、8人程度です。そのような人を自店に呼び込むためのアプローチが、チラシの役割です。

ビデオカメラ市場でわかりやすくたとえるなら、サトーカメラは、栃木県内にチラシを60万枚配布しています。

ビデオカメラは、栃木県内では年間2万4000台売っています。1ヶ月に換算すると2000台です。単純に2000台＝2000世帯と考えてみました。

すると、60万の世帯にチラシを撒いているわけですから、単純に考えても、59万8000

枚のチラシは捨てられているということになります。

実にもったいない話ですが、自社の得意商品に興味がない人は、最初からチラシなんて見向きもしません。チラシは、「買いたい」という人にだけ情報が伝わればいいのです。

私たちの戦略は、すでに存在している市場からお客を取ることです。

違う言い方をすると、「隣のライバル店から、どれだけお客を取り込めるか」ということです。

「ほしい」とも思っていない人には、売れなくてもいいのです。

「ほしい」という気持ちにさせてくれるのが大手メーカーの市場創造型イメージＣＭで、**「買いたい」という気持ちにさせるのがわれわれの売れるチラシなのです。**

◎チラシ構成比は慎重に検討しよう

では、イメージ先行のメーカーチラシではなく、大手量販店のチラシはどうでしょう。

たとえば、ある大手量販店のデジカメ部門をチラシで分析すると、チラシに占めるデジカメの割合は３％以下しかありませんでした。

これは、この大手量販店にとって、デジカメ部門のインストア・シェアは３％以下しか売上げがないということです。

チラシの部門掲載サイズ＝その店のその部門の売上構成比です。

売れないチラシは、そのあたりの構成比がまったくできていません。

売れないチラシの構成比は、店の中でも売上構成の低い売れない商品を、一所懸命売上げを上げるために大きく取り上げているのです。

またその逆に、売れないチラシには、大手量販店の真似をしているところもあります。

大手量販店は取り扱っている商品の数が多いわけですから、デジカメの売上構成比が3％でもいいのです。だからチラシの掲載サイズが小さいのです。

サトーカメラの場合、単純にデジカメの売上構成比が、インストア・シェアで20％を占めるという理由から、チラシの掲載サイズも約20％占めているわけです。

まず、得意商品に対して、自店ではどれぐらいの売上構成比があるかということを検討し、あなたの店、あなたの会社の中で一番売れている得意商品をメインにしたチラシ商品構成比を考えない限り、売れるチラシはつくれません。

たとえば、大手量販店の形だけをまねして、デジカメ部門のチラシ掲載比を3％以下に抑えてしまったらどうでしょうか。あなたの店の主力商品の売上構成比も3％ぐらいになってしまいます。ということは、あなたの店の経営も成り立たなくなってしまうでしょう。

◎商売のスタイルの違いを認識しよう

大手企業と私たちのような中小企業では、「存在する意味が違う」ということを再認識してください。

極端なことを言うと、大手企業は「売れれば何でもいい」わけです。チラシだけでなく、経営すべてにおいて効率だけを求めています。

商売で言うならば、坪効率を上げることだけを追い求めているようなものです。たとえば、デジカメが少しでも人気が落ちて回転が悪くなってくると、即座に別の商品に変わってしまいます。

商品が少しでも売れなくなってきたら、スパッと売場から撤収され、次の商品に変わってしまうのです。

■チラシ掲載サイズの比較図

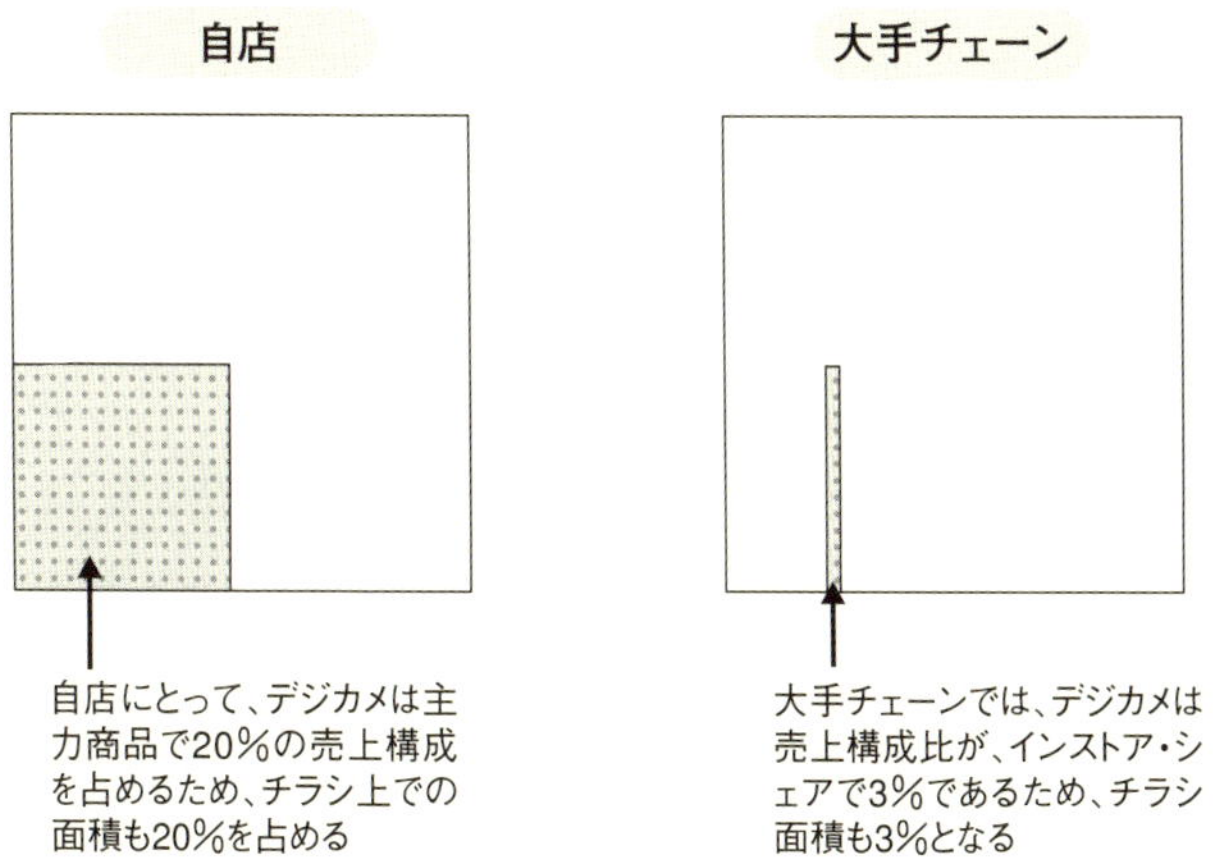
自店
大手チェーン
自店にとって、デジカメは主力商品で20％の売上構成を占めるため、チラシ上での面積も20％を占める
大手チェーンでは、デジカメは売上構成比が、インストア・シェアで3％であるため、チラシ面積も3％となる

それが、お客様のため、という大義です。

要するに、何でもいいから効率よく売れてくれればいいわけです。効率よく利益を上げれば、株主だけは喜ぶわけです。

しかし中小店は、市場で得意商品の人気が落ちてこようと、まったく関係ありません。市場で、多少商品の人気が落ちたからと言って、商品を変えるということはしません。

私たちは、人気商品や人気部門に振り回されるのではなく、得意商品に惚れ込んだわれわれと、得意商品を通したお客様との関係で商売が成り立っているのです。中小専門店の私たちは自分で売る商品を決めて、それを徹底的に地域に広めるのです。得意商品を使ったお客様は、得意商品を通して、快適、満足、喜びを得るのです。

しかし、大手企業は違います。ただ、「売れる」という人気商品を探しているのです。

私たちは得意商品を調べ抜いて、プロの目で気に入ったものを仕入れて売ります。

私たち中小店が、メーカーのＣＭに踊らされ、売れ筋商品を追いかけていたのでは、〝一か八か〟の先物買いと同じです。

われわれ中小店の商売は、大手の商売スタイルとはまったく違うということを認識しなくてはならないのです。

5章

あなたの得意商品で一点突破！

1 あなたの店全体で、もっとも売れ個数が多い商品は何か？

◎「集客商品」とは何か？

あなたの店、あなたの会社で、今一番売れ個数が多い商品は何でしょうか。売上高でも粗利でもありません。売れ個数が一番多い商品です。

はっきり言って、売れ個数が多い商品とは、あなたの店にとっては低単価商品だと思います。あなたの店の中で生活必需性の高い高頻度品であり消耗品であり、かつまた低単価商品ということになります。

これを単純に、「**集客商品**」と言います。

コンビニなども、使う頻度が高い低単価商品しか置いていません。だれでも知っていて、だれでも使う低単価商品を、24時間365日売っているだけなのです。

しかしこの系統の商品は、コンビニだけでなく、どのような業界でも、大手チェーンががっちりと粗利を稼いでいます。

われわれのような中小専門店や中小企業は、この系統の商品については、薄利で商売をさせていただいているのです。

たとえば私たちは、300円で仕入れた商品を、「セールの目玉で、たいした金額ではない」と言って、200円で安売りをするわけです。

しかし大手チェーンはどこも、そんなバカな商売はしません。

200円で売りたいなら、100円で仕入れます。200円で売れる安物を仕入れるのです。

決して、安売りなどはしません。

お客さんがほしがる、200円という価格帯にこだわっているのです。

それなのに私たちは、それに対抗して、300円で仕入れたものを200円で安売りしては、いいものを売っているのです。

そして、自店のほうが正直だと自己満足しているのです。

大手チェーンは、安物でもしっかり儲かる商品を仕入れています。

われわれも、安物だからと言って手を抜かないようにしなければなりません。

また、そこに利益があることを再認識してください。

◎大手、専門店はこうして儲ける

たとえば、生活必需品のはずなのに、安物は客寄せで、儲からなくてもいいいと考えていた今までの中小専門店は、1個200円で仕入れたリンゴを粗利0％で100個売って粗利0という商売をしていました。

そして、生活必需性の低い非日常的な高単価商品の夕張メロンを、粗利40％の1個10000円で、1個売って4000円の利益を出し、これが専門店だと豪語していまし

■専門店と大手スーパーの商法

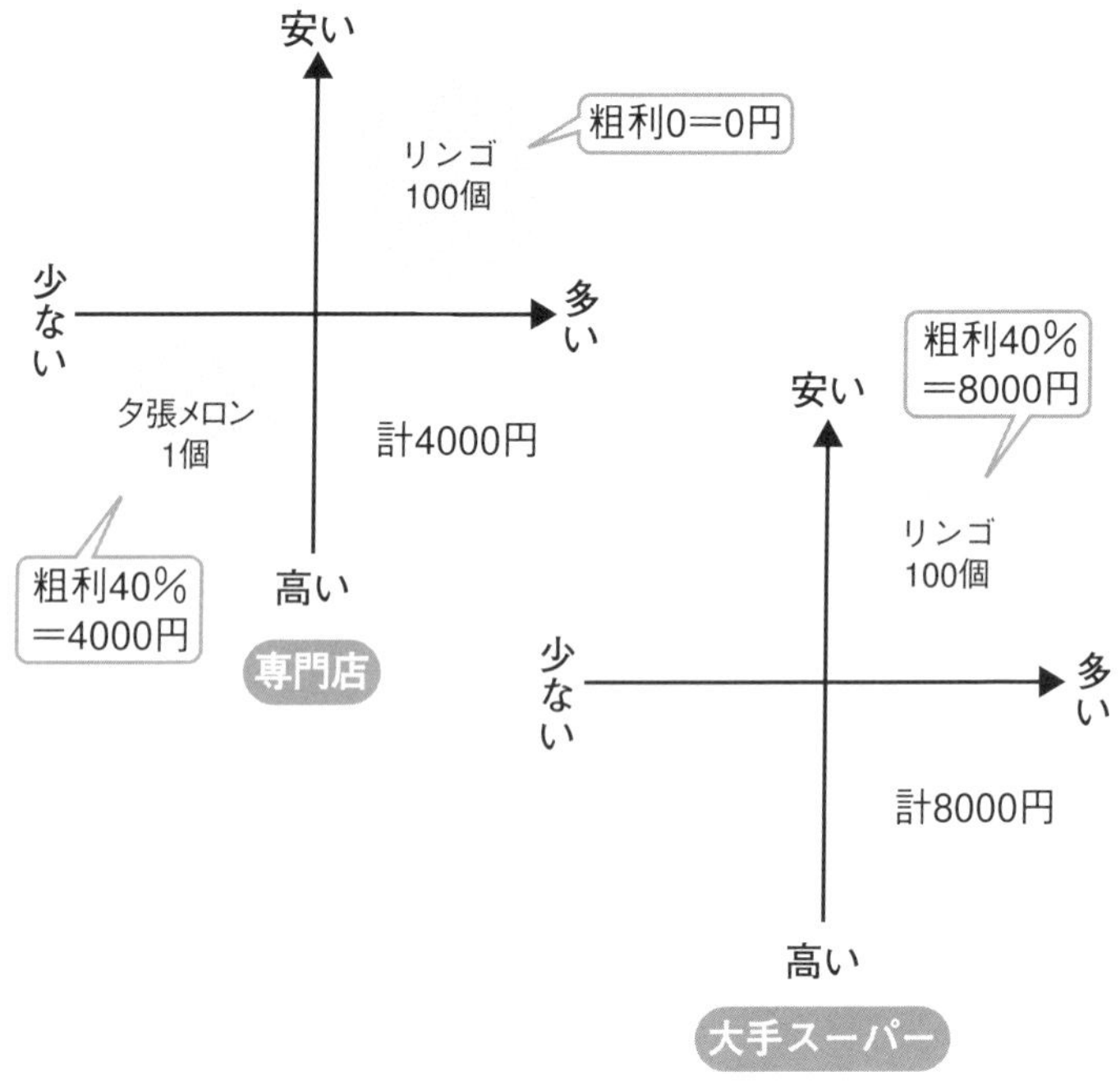

た。

　一方、大手チェーン店は、生活必需性の高い低単価商品リンゴ1個200円を、粗利40％で100個売って8000円の利益を出していました。

　さらに、生活必需性の高い低単価商品リンゴ1個200円を、粗利30％で100個売って6000円の利益を出し、さらにリンゴで集客したお客に、生活必需性の低い非日常的な高単価商品の夕張メロン1個10000円を粗利40％で1個売って4000円の利益を出し、合計10000円の利益を出す、というのが超専門店の商売というものでした。

■超専門店の商法とは？

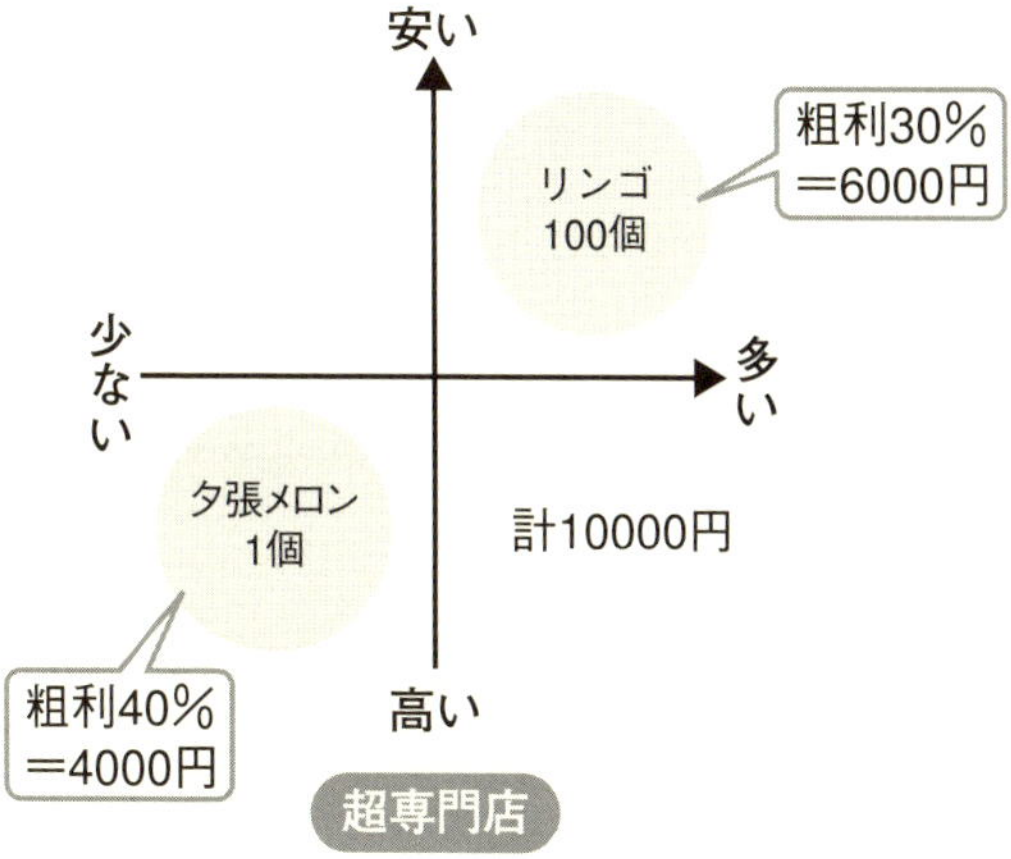

◎もっとも売れる商品とはどんな商品か？

あなたの店でも、めぼしい商品がいくつか上がってきたことと思います。

ＰＯＳで調べれば簡単ですが、実際に店に立っているなら、直感ですぐにわかるはずです。

しかし、ここで商品を間違えると、売れるチラシがつくれなくなるので体系化してみました。

下図のフォーマットに、あなたの店の売れ個数一番の商品を埋めてみてください。

縦軸が商品1アイテムの単価です。

上にいくほど、安物・低価格・低単価品です。中心より下にいくほど、高単価品になります。

■売れ個数一番商品のポジション

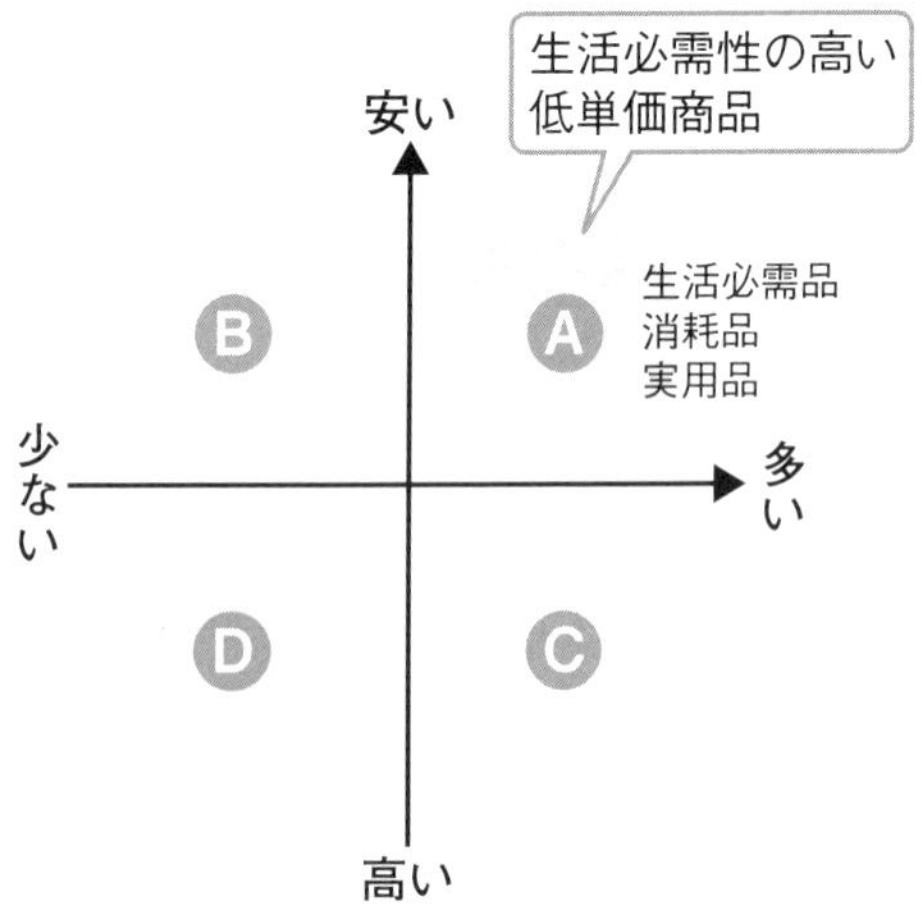

横軸は商品の売れ個数です。

右側の売れ個数が多いほうは、単純に生活必需品で普及率の高い商品、左側の売れ個数が少ないほうは趣味嗜好性の強い商品耐久消費財、というように、それぞれの商品の特性がわかってきます。

このようにして、あなたの店の「売れ個数が一番多い商品」をピックアップしてみてください。

通常、売上個数が一番多い商品は、Aゾーンの生活必需性の高い低単価商品ということになるはずです。

◎主力商品はスター商品

みなさんの店全体の中で、売上個数が一番多い商品は、生活必需性が高く、低単価品ということになります。

それに対して、売上金額の高い商品は、必ずしも生活必需性が高いとは限らず、どちらかと言うと趣味嗜好性の強い、高単価商品であることが多いものです。

つまり、売上個数が多い商品とは逆の特性を持っているわけです。

これは、サトーカメラでたとえるなら写真に対してカメラ、リフォーム店でたとえるなら蛇口の修理に対して水回りのキッチン、果物屋でたとえるなら、リンゴに対して夕張メロン、といった感じでしょうか。

売上個数が一番多い商品からは、集客商品として集客アップのヒントを、売上金額が高い商品からは主力商品として売上アップのヒントをつかむことができます。

売上個数一番の商品はAゾーンにありました。

一方、売上金額一番の商品は、CあるいはDのゾーンにあるのが普通です。

この、売上金額一番商品を主力商品と言い、この商品が、あなたの店のスター商品となります。

■売上金額一番商品のポジション

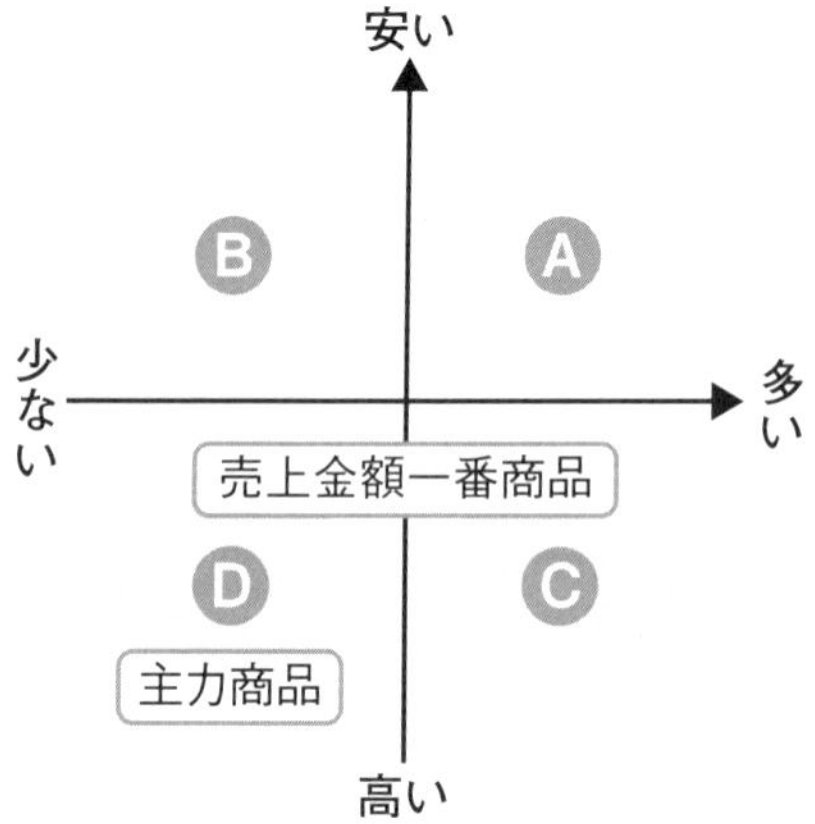

◎「集客商品」で店を活性化しよう

みなさんがつくるチラシを見てみると、意外に「集客商品」を載せていないことが少なくありません。

高い商品、売上金額が高い「主力商品」を売りたいがために、この「集客商品」を載せることを忘れてしまうのです。

このようなチラシを打った場合、現場はどうなるでしょう。

まず、チラシを打ったのにさっぱりお客様が来ません。「集客商品」を載せた店は100人以上もお客様が来ているのに、「主力商品」しか載せていない店には1人しかお客は来ていない、という事態もあり得るのです。

「どちらの店のほうが、働いている社員はやる気が出るでしょうか？」と聞いた場合、現場レベルでは100人以上のお客様が来たほうが、仕事が楽しくてやる気が出ると答えるはずです。

集客商品でお客様を集めると現場は活気づき、主力商品も売れるのです。主力商品を売りたいのであれば、「集客商品」をチラシに載せて、あなたの得意商品に関係したお客様を集めることです。

この集客商品とは、サトーカメラで言うと「写真」にあたり、主力商品は「カメラ」になります。

集客商品とは、基本的に市場が大きいため、お客様が集まりやすい商品でもあるのです。

◎中小店の商売の王道とは？

売上個数が多い商品と売上金額が高い商品を調べていくと、商品の流行性というものが見えてくるのではないでしょうか。

「流行モノ」とは、比較的短期間に一気に人気を博し、そして一気に飽きられ、忘れ去られる商品と言えるでしょう。

芸人や歌手で言うなら、〝一発屋〟のようなものです。

私たちの生活は、毎日毎日が平凡の連続であるため、こうした単発的な一過性のモ

■集客商品でお客を集めて、店頭で主力商品を売る

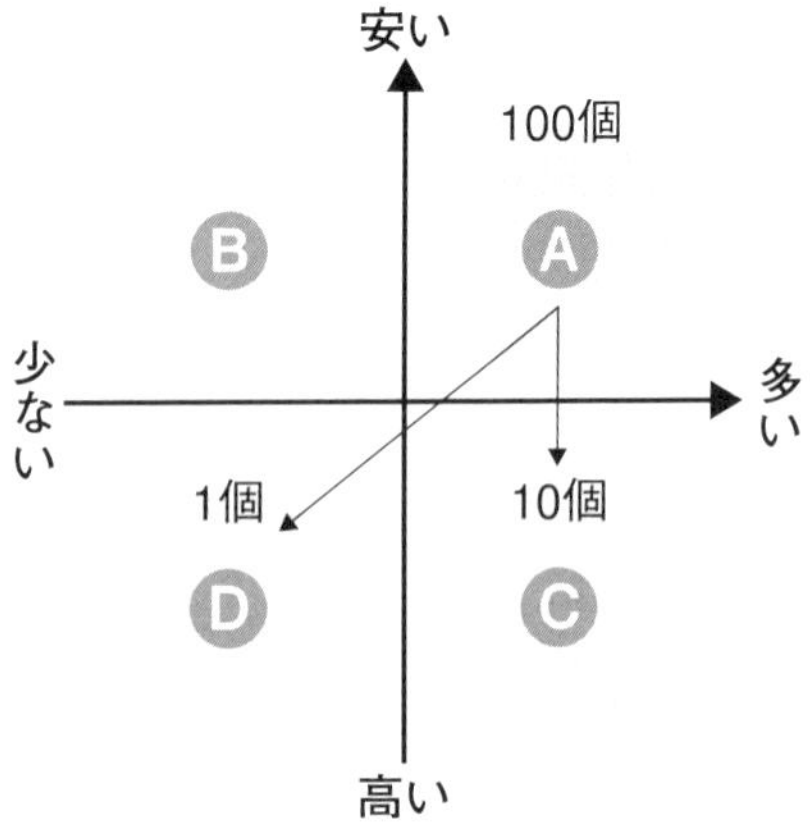

■スタンダード商品に注目しよう

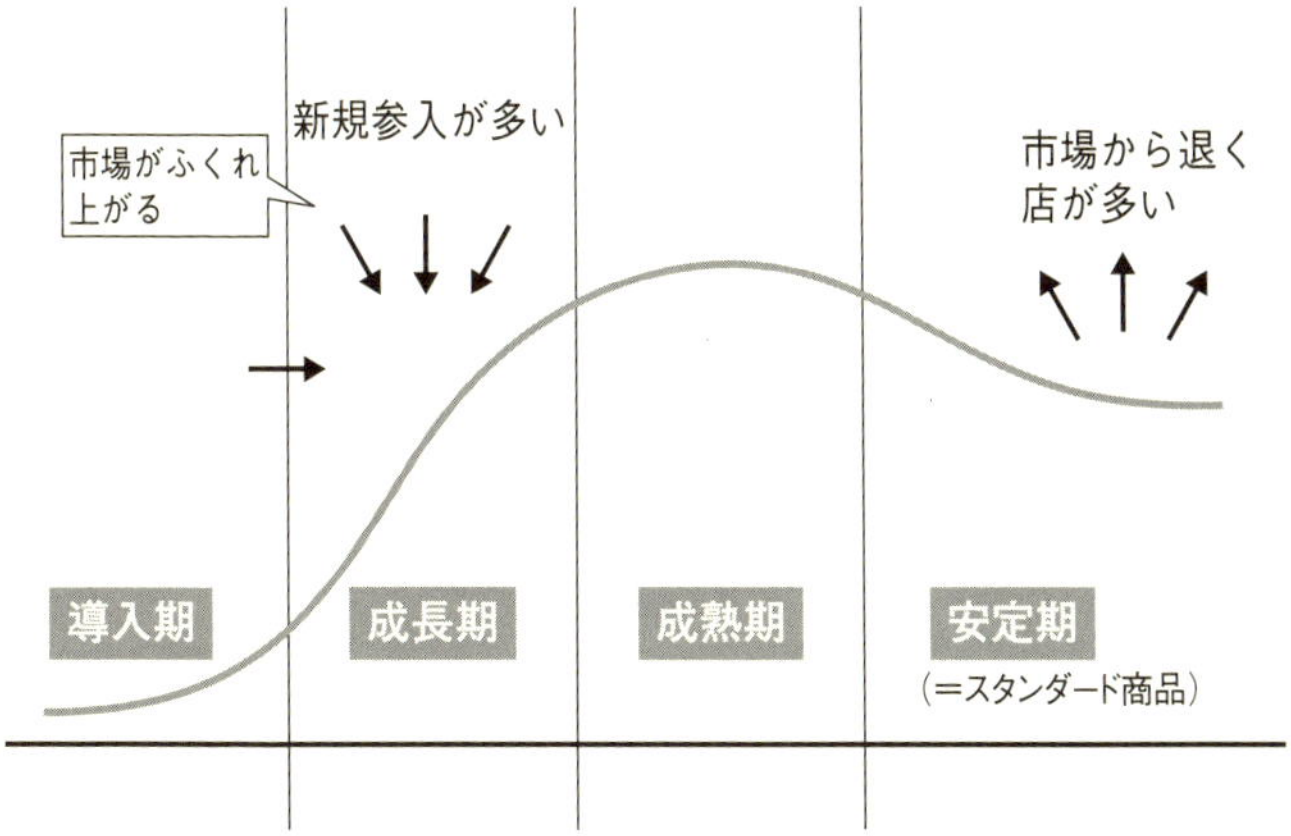

ノやコトに心惹かれるのかもしれません。

たしかに、私も商売をしていますから、話題性や流行によって商品がたくさん売れることはうれしいのですが、それはまた同時に、いつかは勢いを失う商品であり、それこそまた来月、このような流行モノを見つけ出すことは至難の技なのです。

さらに、流行だと感じたときにはもう遅く、メーカーにも商品がない。また逆に、流行を読んで大量に在庫を抱えたまま売れ残った、ということも少なくありません。

流行をタイムリーにとらえきるということは、なかなかむずかしいと言えるでしょう。

もちろん、こうした流行を逆手に取ったり、うまく流行に乗って儲ければいいじゃないか、と思われるかもしれませんが、なかなかそう簡単にうまくいくものではありません。

「本気で流行を追わないこと。流行に左右されないこと」こそが、中小企業、中小専門店の商売の王道だと思います。

流行に左右されないスタンダード商品には、だれもが認める、商品としてのよさがあります。

そうした商品には、流行モノよりはるかに高い存在価値があります。自分の力ではどうにもできない、降って湧いたような流行モノに振り回されるより、自分自身の力でチャレンジできるスタンダード商品に着目するようにしてください。

2 集客一番商品をチラシの一等地で育てよう

◎商品で集客力をつけることがチラシの役目

商品の特性を分析することで、「あなたの店で売上個数が一番多い」、「流行に左右されないスタンダード商品」こそ、集客一番商品として集客のメイン商品となり、あなたの店のトップバッターとなるはずです。

サトーカメラで言えば写真、リフォーム屋さんで言うなら蛇口の修理、スーパーなら醤油、ドラッグストアのトイレットペーパーなどです。

あなたの店にも、必ず先の二つの条件を満たす商品が存在しているはずです。

基本的に集客一番商品というのは多くの場合、低単価の生活必需品的商品になりますが、たいていの人が生活をしていくうえで、なくては困る商品です。

店では今まで普通に、当たり前の商品として、他の商品と同じように販売していたはずです。

その結果、売上げもダウンしているかもしれません。

しかも、このような扱いで集客一番商品を売っていると、しだいに店の集客力も下がっていきます。

商売は、あくまで商品で集客することが大切です。

さらに、集客一番商品を1品でも多く持った店だけが、地域の競争に勝ち残っていくことができるのです。

そのため、店の集客力を上げていきたければ、集客一番商品を、チラシの一等地を使って意図的に育てていかなければなりません。あなたの店の集客一番商品を育て上げて、商品で集客力をつけることがチラシの役目であり、経営者であるあなたの責任でもあるのです。

◎店の売上げを左右する主力一番商品

売上金額が一番高く、流行に左右されない商品とは、野球で言うなら主力の4番バッター、スター選手です。

サトーカメラならカメラ、リフォーム店ならキッチンの水回り、ドラッグストアの薬のように、あなたの店にも、必ず売上げに大きく貢献する主力商品があるはずです。

これらは、市場シェアを押さえる強い店をつくる商品であり、趣味嗜好性の強い高単価商品です。また、お客様にしてみれば必需品ではないものの、店側としては大きな売上げを占める商品です。

今まで、高単価品として意識的に強化はしていたものの、競争も激化し、結果的には負けっぱなしという店も多いはずです。

だから、今までの売り方ではダメだということを理解しておいてください。

主力一番商品は、店の売上高を左右する商品です。店の売上アップは、やはり商品で図っていくしかありません。また、この主力一番商品で、他店に勝たなければなりません。

このような商品を多く育てた店が、強い店として地域のお客様から支持されていくことになるのです。

自分たちで、このような主力一番商品を育てて売上高を上げて、市場シェアやお客様からの支持率を上げていくことが、商品を通して地域に貢献すべき、われわれ中小店の義務なのです。

◎ダブル一番商品で一点突破！

あなたの店の「集客一番商品」と「主力一番商品」こそが、店にとってもっとも強力な戦力商品です。

野球でたとえるなら、あなたのチームに1番バッターのイチローと4番バッターの松井がいるようなものです。

　このような、異なる体質の2大スター商品こそが、あなたの店でもっとも活躍している、「一番売れている商品」なのです。

　これらが不振だと、店全体が不振になります。

　しかし、これらの商品ががんばれば、店の売上げは必ず上がっていきます。

　1番バッターのイチローは安打（売れ個数）が多く、4番の松井はランナーに出ているイチローを返す打点（売上高）が高い。

　この2人の組み合わせが、チームに得点をもたらすのです。

　「集客商品」と「主力商品」は、あなたの店にとって、まさに必要不可欠の商品であることを認識してください。

■異なる体質の商品で、上手に売上アップを図ろう

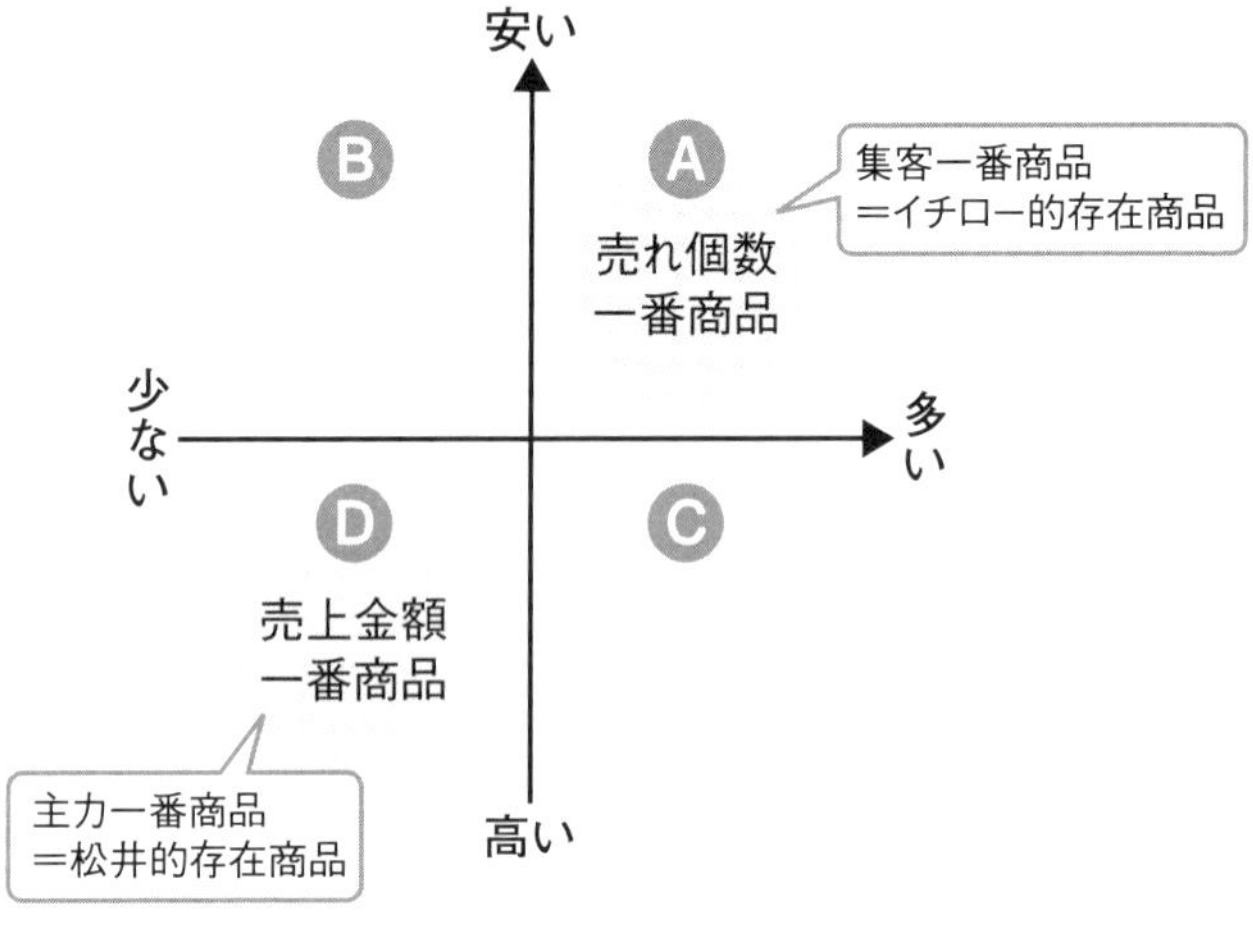

6章

価格帯一点突破で勝つ

❶ 価格帯別品揃えを強化して集客一番商品で一点突破

◎集客一番商品で2倍お客を集めよう

ある成功事例でお話ししましょう。

関西のあるスーパーマーケットの話です。

「あなたの店で、売れ個数が一番多い商品は何ですか？」と私が聞いたところ、担当者から、「醤油が一番売れています」という返事が返ってきました。

たしかにチラシでも、醤油が98円で前面トップに出ています。

担当は、「1日に数千本売れるんですよ」と自信満々に答えてくれました。

「では、もっと醤油を売りましょう」と私が言うと、「醤油は、すでに売れているからいいんです。お客さんは来ているんだから、もう十分です。醤油はいいですから、他の商品を売りたいんです」と答えました。

佐藤「あなたは売上げと利益を上げたいんでしょう？　それなら、得意な醤油を2倍売りましょうよ。あなたのスーパーでは、一番安い醤油が98円なんですね。では、あなたの

店に、醤油は他にどれだけの種類と品揃えがありますか?」

担当「他に20種類はあります」

佐藤「そんなに品揃えがあるのなら、チラシに全部を載せましょうよ」

ということになりました。

このスーパーでは、店での商品構成はたいへんよくできていました。集客商品の醤油だけでも20種類はあります。しかも一番高い醤油では、3000円ぐらいのものまでありました。

◎価格帯別、用途別に分けて徹底集客

私はこのスーパーのチラシを見て、内容はほとんどそのままで、少しだけ手直しすることを教えました。

佐藤「チラシの醤油のスペースもそのままでいいですから、他の醤油も全種類、文字だけでいいから載せましょう」

と提案しました。

さらに、醤油を用途別に4タイプに分けました。

98円の醤油はもちろん、198円、480円、1000円、2000円のものも載せることにしました。

ポイントは、「価格帯別」と「用途別」です。

「がんばるお父さんの健康維持に減塩醤油……」、「脳の健康に気を遣う方には……」、「ふだんの料理には……」、「家庭で、おいしい料亭の味……」など、醤油を用途別に分けたのです。

売上個数の一番多い集客商品、生活必需性十分の低単価商品の醤油を、チラシに全種類載せたことで、集客率は150％アップしました。

さらに、気になる売上げは醤油コーナーだけで300％アップ、店全体の売上げでは130％アップにもなりました。

これは、別に驚くことではありません。

醤油は、今までこのスーパーの一番の集客商品だったにもかかわらず、一番安い商品1品しか載せていませんでしたから、頭打ちになるのは、むしろ当然だったわけです。

また、お客様も使い分けをするようになってきました。

さらに、用途別の使い分けを提案することもわれわれの仕事です。

「安いから買う」というだけでなく、「今日はコレ。でも、明日の料理にはコレ」、「お友だちが来るから、この醤油を使おう」、あるいは、「刺身にはこの醤油」、「煮物をつくるときにはこの醤油」、「お父さんには塩分を控えて……」というように、お客様は勝手に楽しみなが

■用途別で価格帯のラインも変わる

20種類ものアイテムを、用途別の4タイプに分類

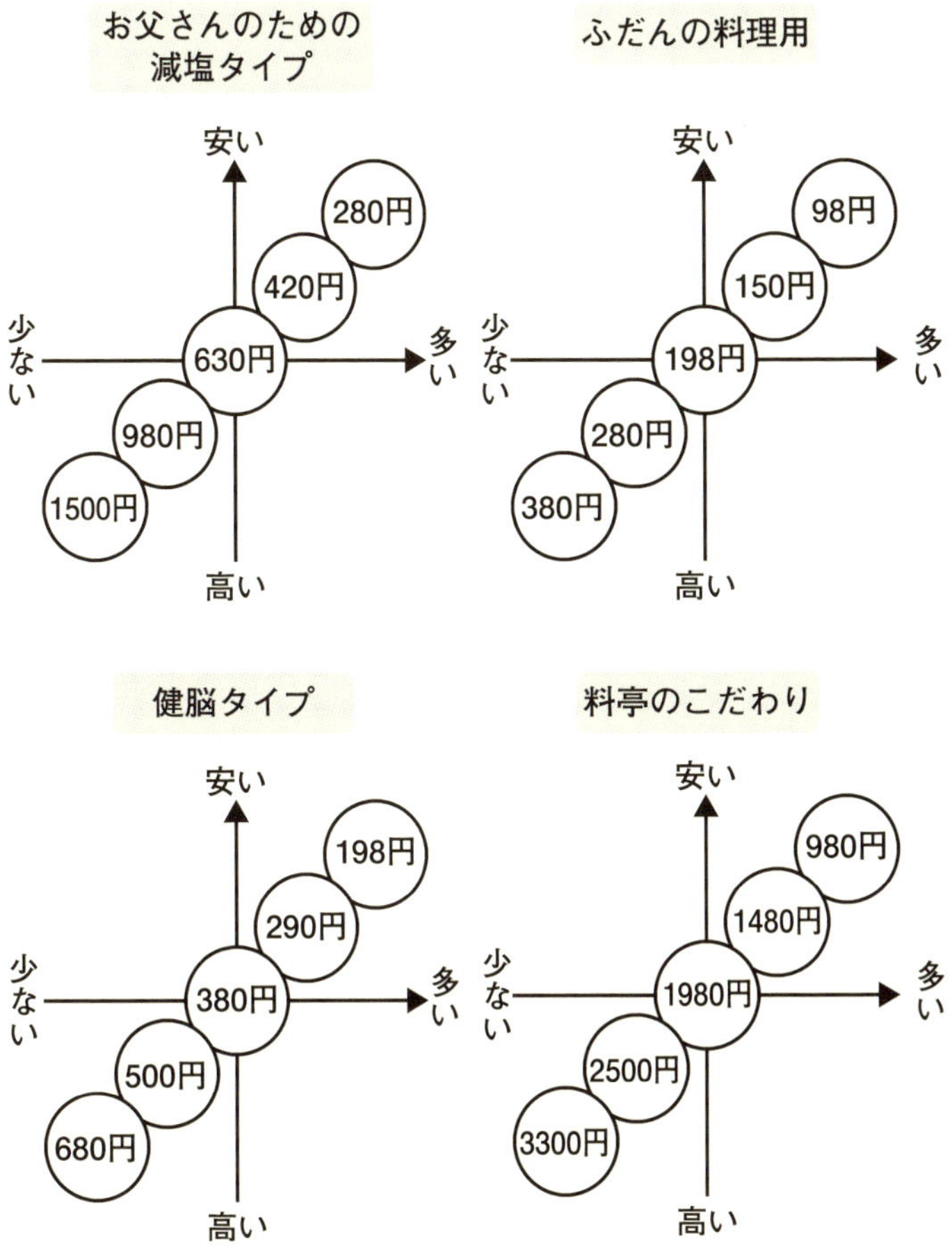

ら使い分けをしているのです。

これが、「一番売れ個数が多い商品、集客一番商品を2倍売って、お客を集めよう」、「一番売れ個数多い商品、集客一番商品の価格帯別品揃えでお客を集めよう」ということなのです。

◎集客一番商品は儲からないか？

これは、どんな商売でも同じです。

先ほどの東海地方のリフォーム屋さんも同じでした。ここは、もとは水道屋でした。ここでは、蛇口の修理が集客一番商品でした。

しかしこの蛇口修理も、値段は３０００円のワンプライスだけでした。

「なぜ、３０００円しかないの？」と聞いたところ、「まわりの相場がそうなんです」という答えでした。

水道屋をやりたくないと考えたのは、別に水道屋の仕事が嫌いだからというわけではなく、水道屋では儲からないから、ということでした。

しかし、儲からない流れは、自分自身で引き起こしていたのです。

そこで私から、楽しい相談を持ちかけてみました。

◎集客一番商品はグレード分けして儲けよう

蛇口の修理で、下の下のグレードの3000円だけではなく、下のグレードの4500円、中のグレード6500円、上グレード8000円、上上のグレードで10000円を払った場合、社長なら何をしてくれる？　と質問してみたのです。

「いつもの蛇口の修理代に4500円払ったら、何をしてくれますか？」

と聞いたところ、

「4500円ももらえるんですか！　それなら喜んで、工事の後に、さらにキッチンのガスレンジの油汚れをピカピカに磨いてから帰りますよ」

佐藤「4500円払ったら、修理工事の後、きれいにしてくれるんですね。それはいいですね。共稼ぎの家庭や忙しい主婦にはピッタリですね。では、6500円払ったら？」

社長「えっ、6500円！　そんなにもらえるんですか！　それなら、バイ菌が入らないように抗菌加工をしてあげますよ」

佐藤「それもいいですね。子供が生まれる家庭や小さなお子さんがいる家庭にはピッタリのサービスですね。じゃあ、1万円なら何をしてくれますか？」

社長「え～っ…1万円。何ができるかなあ～！」

この時点で、この社長は考えるだけで楽しくて楽しくてたまらなくなったわけです。

■価格帯別の内容を提案しよう

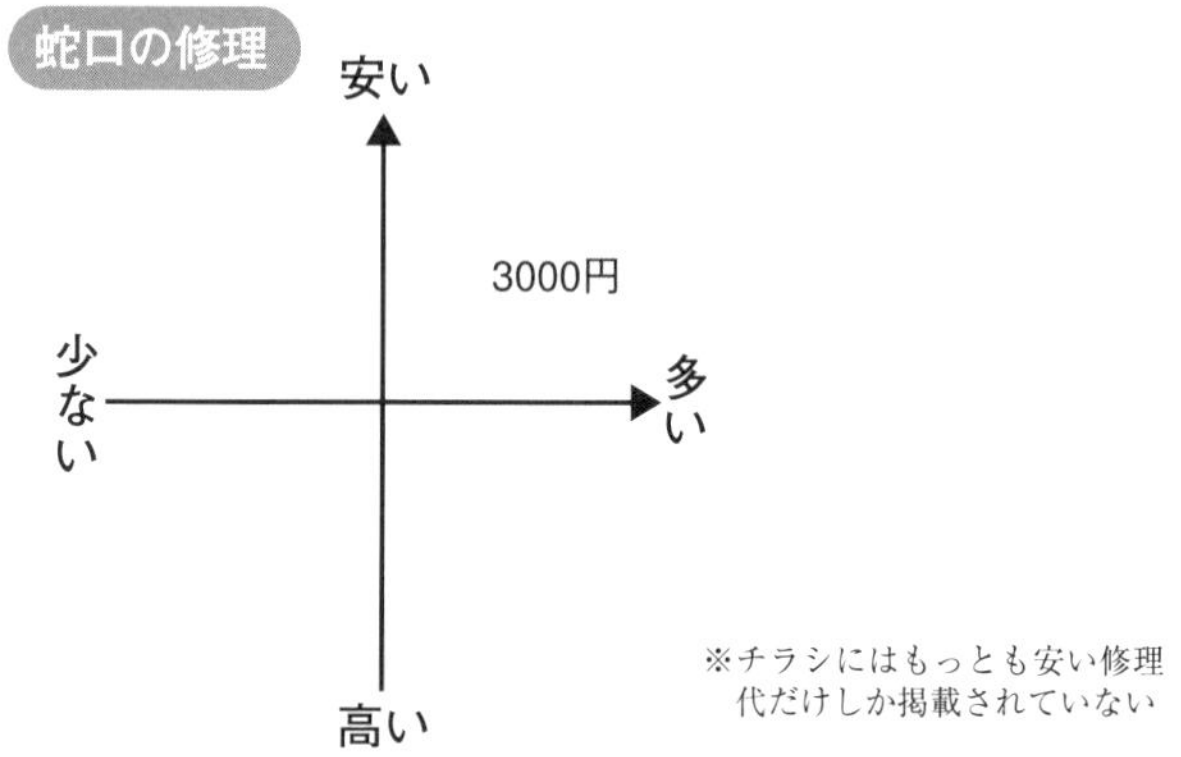

※チラシにはもっとも安い修理代だけしか掲載されていない

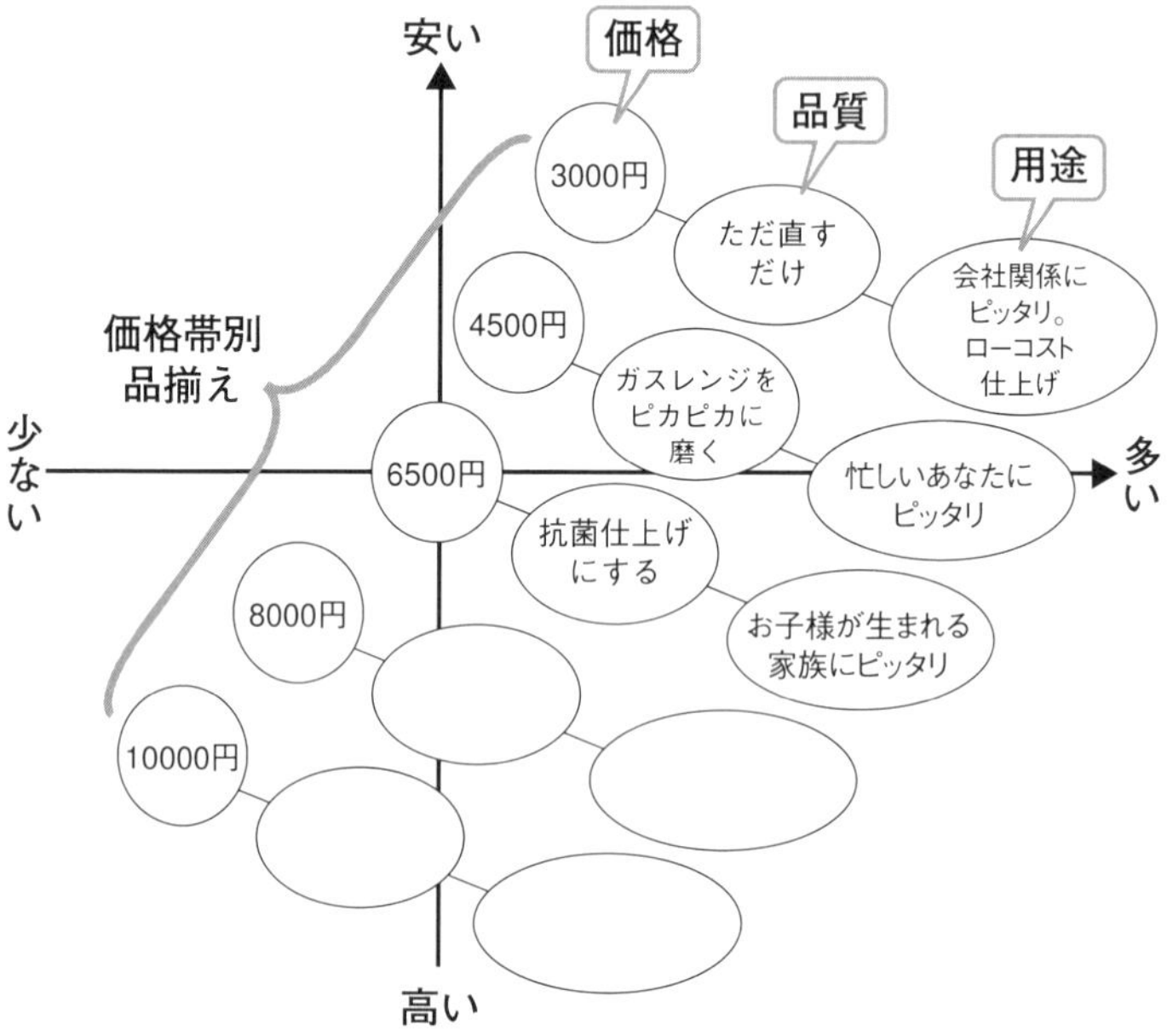

彼はこれまで、彼の店、彼の会社の地域に住んでいる人たちが、どういうところにこだわり、どういうことを望んでいるのか、わからなかったのです。

だから、価格帯別に下の下・下・中・上・上上という5タイプのグレードをつくり出し、サービスの品質・内容を考えて使い方を用途別に提案してあげることによって、チラシを見たお客様は、勝手にそれらのサービスの中から自分に必要なものを選ぶわけです。

たとえば、「うちは、子供がアトピーだから抗菌仕上げにしてもらおう」と、お客様は勝手に選んでくれるわけです。

安くてよい仕事をしてくれる、とお客さんは大喜びです。

リフォーム屋の社長も、こんなに自分の得意な商品で集客できてお客様に感謝され、しかも売上げも利益もしっかり出せるのなら、「これからも得意な水道屋に徹する！」と宣言してくれました。

ちなみに、集客は2倍になり、売上げ利益は180％アップしました。

このサービスを考える場合、価格帯幅は約1・3倍ずつ推移していくのがベストです。

◎集客一番商品が一種類しかない場合

あるＪＡの集客一番商品はサクランボでした。

やはり責任者は、売上げを上げたいと言います。

ところがチラシでは、「サクランボは名産で、黙っていても売れるからもういいんです。それより、梨が売れないんですよ。この売れない梨をどうすれば売れますか？」という相談でした。

私は、「売れないのなら、売らなきゃいいじゃないですか。あなたは売上げを上げたいのですか？　それとも、梨を売りたいのですか？」と責任者の方に質問してみました。

すると、ぜひ売上げを上げたいと答えたので、とくに梨にこだわっているわけではないようでした。

もちろん、この地域はサクランボの産地で、サクランボが集客一番商品でした。

梨は、サクランボが売れるときに乗じて、売上アップを図るために仕入れる商品だったようです。

それなら、まずはこの集客一番商品のサクランボだけを2倍売って、売上げを2倍にすればいいのです。

商売は得意なところで伸ばしましょう。お客さんはそれを望んでいるのです。

そこで価格設定を聞いてみると、このサクランボは一律500円でした。

これもまたワンプライスのみでした。

◎「お客様に対する工夫」を考えよう

お客様のニーズはさまざまです。

そこでまず、2パックで1000円のセットをつくりました。さらに、2000円の4パックのセットをつくり、3000円の6パック、5000円の10パックをつくるのです。

お客様がサクランボを買うとき、いちいち「ちょっと多すぎるかしら……」、「家族4人なんだけど、どのくらい買えば間に合うかな……」などと、お客様にいちいち考えさせないようにしてください。お客様が悩まなくてもいいようにしてあげることも、私たちのサービスなのです。

同じ3人家族でも、子どもがまだ3歳ぐらいなら、夫婦と3人で1000円の2パックセットで十分です。

ところが、子どもが小学生以上なら、同じ3人家族でも2パックセットではまったく足りません。

あなたも、このような経験はないでしょうか?

■「お客様に対する工夫」を考えよう

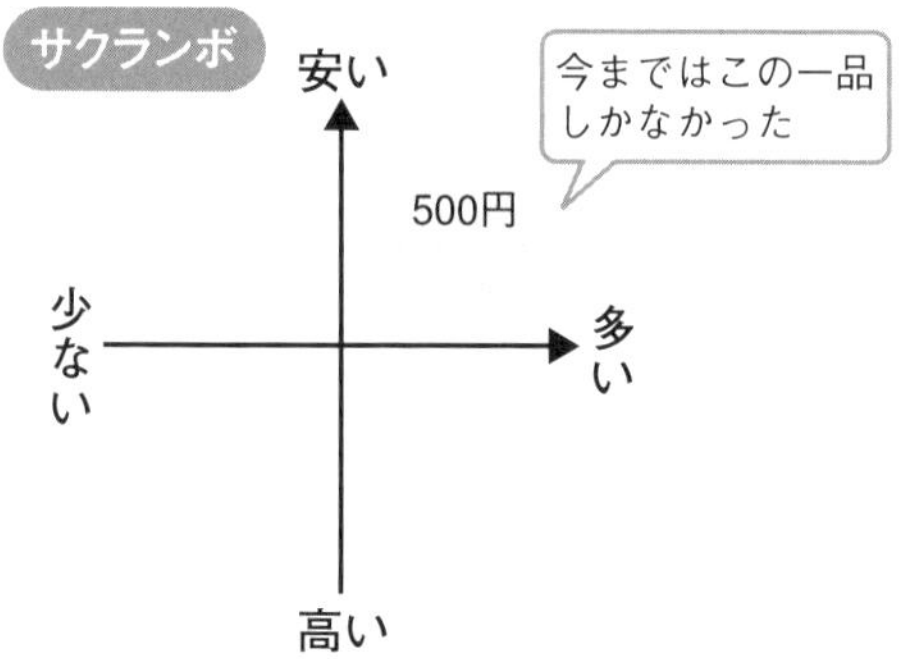

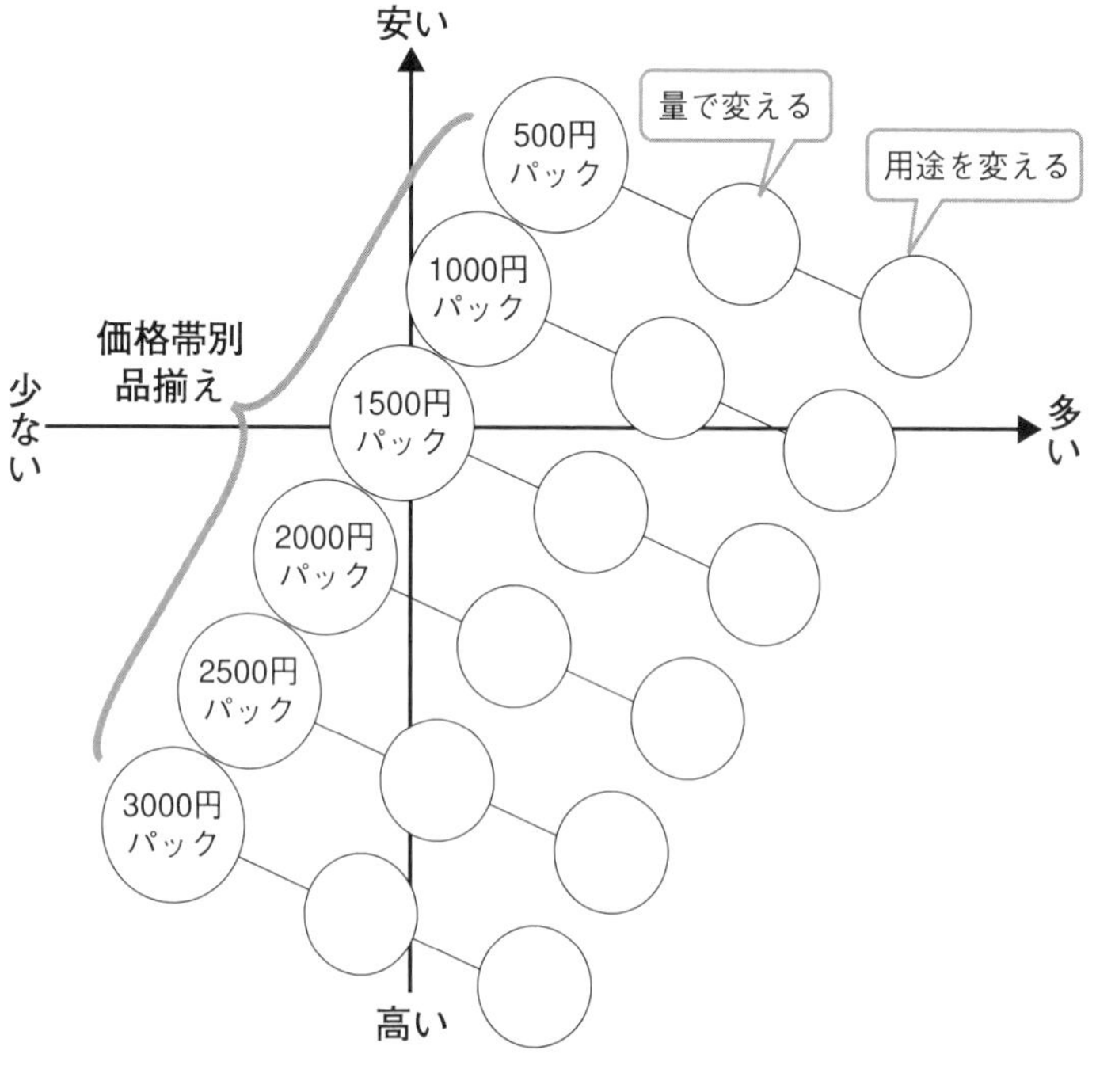

「家にお土産を買って帰ろうかな」と思ったとき、どれだけの量を買えばいいのか、つい考え込んでしまうものです。

「うちは4人家族だから、どれくらい買っていけばいいかな？　せっかく買って帰っても、量が足りないんじゃ喧嘩になるし、多すぎて食べきれなくても困るし……」

つまり、満足量の見当がつかないのです。金額の面で悩んでいるわけではなく、どれだけの量があればいいのか迷うのです。

そのようなとき、家族に合わせて何パターンか揃っていると、買うほうはいちいち悩まなくてもいいわけですからたいへん助かります。

５００円の1パックは、1人で食べるにはＯＫ、4人家族でも子ども2人が中学生以上の場合は、３０００円の6パックで子どもも大喜びです。

そのように、用途別に買い方を提案してあげることで、お客様は選びやすくなり買いやすくもなります。

それもわれわれのサービスのひとつであり、「売り方」なのです。

商品をただ置いているだけでは、商売ではありません。

なぜなら、そこには「お客様に対する工夫」がないからです。

◎価格帯別に品揃えしよう

お客様のお金の遣い方は自由です。

どれが自分によいのか、選ぶのはお客様自身です。

だから、多くの価値を提案し、価格帯別を用意しておくことは大切なことです。

たとえば、ワンプライス商法とは価格はワンプライスですが、その価格帯での品揃えは1００も２００種類もあるということです。お客は値札を見ずに、安心して商品を選べるから楽しいのです。

しかし、ほとんどの中小企業は、ワンプライス商法のプライスだけを真似しているところが多いのです。価格帯だけを真似して、種類は貧弱な品揃え――これでは、ワンプライス商法の意味がありません。

商品の品揃えがなければお客は来ないし、売れません。

品揃えが少ないのであれば、モノは1品でも、最低5種類の価値で商品を差別化し、価格帯別で品揃えしましょう。

もし、ワンプライスで勝ちたいなら、同じ価格帯の品揃えを、相手よりも増やさない限り、お客様は増えないでしょう。

2 これからの超専門店の商品構成とは

◎主力一番商品は、ピンからキリまで品揃えしよう

サトーカメラのチラシで主力一番商品の場合、たとえばデジカメなら、一番安い価格帯9800円から一番高い価格帯98万円までが掲載されています。

この場合、価格帯の幅は約100倍になります。

単純に、お客さんも100人来店すると考えてみてください。

あなたのチラシの、主力一番商品の価格帯幅は何倍ありますか?

ほとんどの店のチラシでは、価格帯幅が2倍から3倍ぐらいが多いようです。あっても、せいぜい10倍ぐらいまでです。

単純に言うと、売れ筋のデジカメが4万円だとすると、この売れ筋価格帯の商品しかチラシには載りません。

また、大手チェーンや量販店の場合も、ほとんどの価格帯幅が2倍から3倍、最大でも5倍ぐらいまでです。

■業態別商品構成の考え方

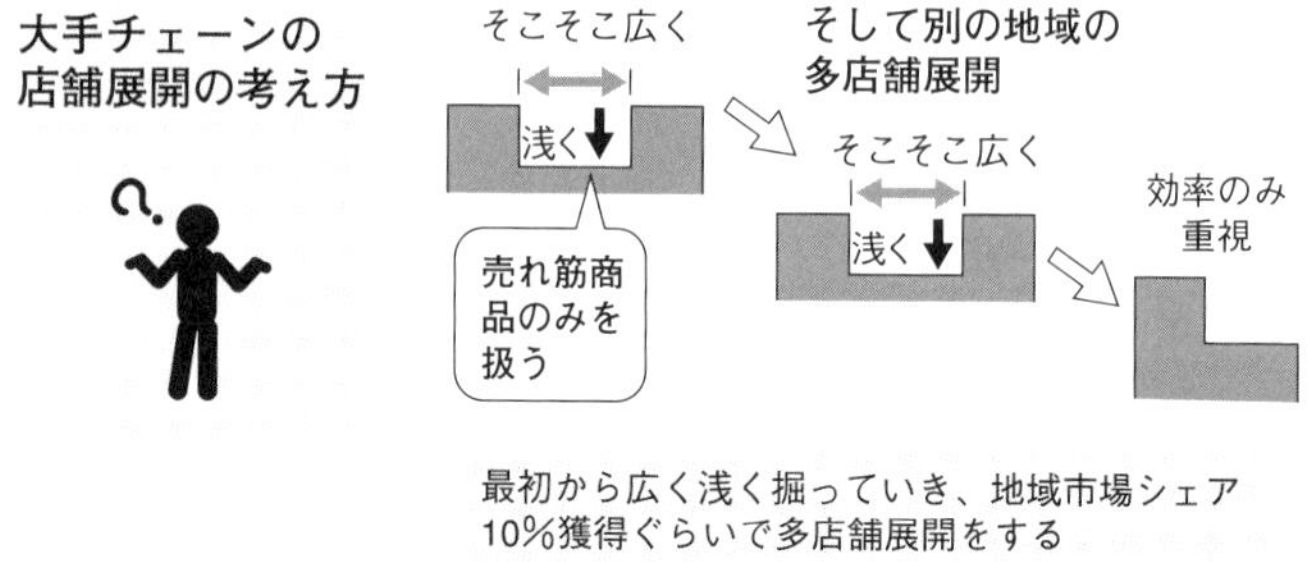
大手チェーンの
店舗展開の考え方
そこそこ広く
浅く
売れ筋商品のみを扱う
そして別の地域の
多店舗展開
そこそこ広く
浅く
効率のみ
重視
最初から広く浅く掘っていき、地域市場シェア
10%獲得ぐらいで多店舗展開をする

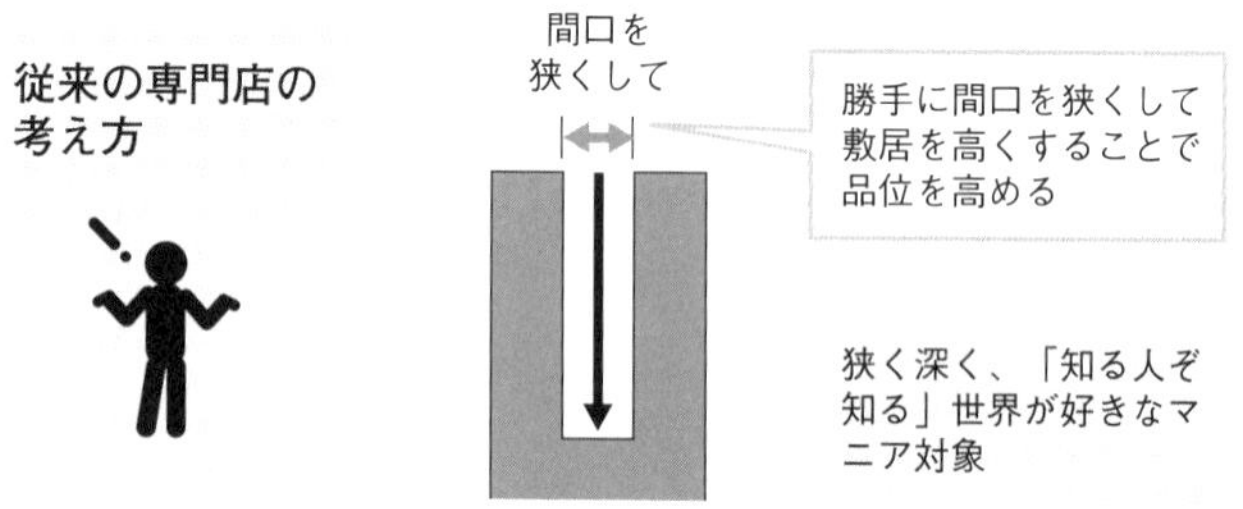
従来の専門店の
考え方
間口を
狭くして
勝手に間口を狭くして
敷居を高くすることで
品位を高める
狭く深く、「知る人ぞ
知る」世界が好きなマ
ニア対象

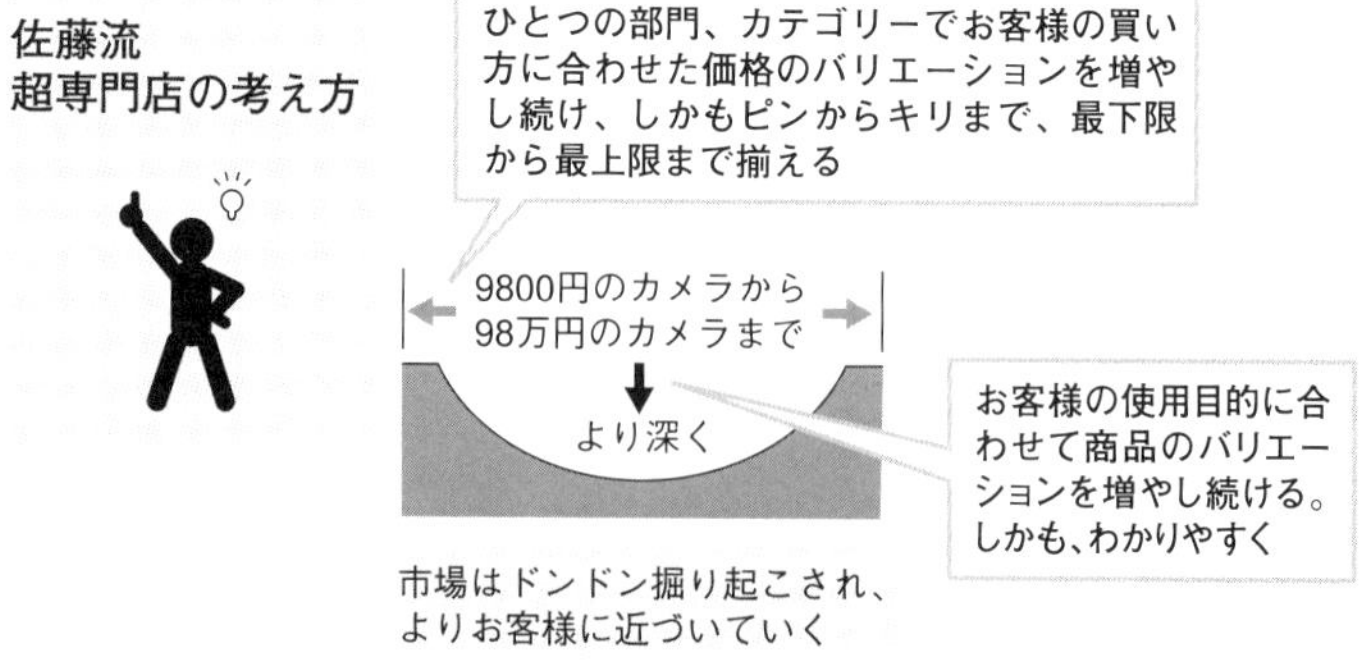
佐藤流
超専門店の考え方
ひとつの部門、カテゴリーでお客様の買い
方に合わせた価格のバリエーションを増や
し続け、しかもピンからキリまで、最下限
から最上限まで揃える
9800円のカメラから
98万円のカメラまで
より深く
お客様の使用目的に合
わせて商品のバリエー
ションを増やし続ける。
しかも、わかりやすく
市場はドンドン掘り起こされ、
よりお客様に近づいていく

大手チェーンは効率だけを求めますから、売れ筋の商品しかチラシには載せられません。

しかし、大手チェーンはそれでいいのです。

たとえば、デジカメ部門ひとつにしても、彼らの売上構成比で言うと、インストア・シェアは最大3％ぐらいでしょう。

デジカメ部門は、彼らの店全体で、売上げの3％ぐらいしか占めていない商品なのです。

だからこそ、チラシの掲載面積も3％程度にしかなりません。

サトーカメラの場合は、デジカメの売上構成比は20％もある主力一番商品ですから、チラシの掲載面積も20％となっているのです。

そして、チラシにもピンからキリまで、すべて載せています。

それこそ、大手チェーンのチラシよりも2倍も3倍も品揃えをして、大手チェーンよりも2倍も3倍もデジカメを売っているのです。

◎年に1回しか売れない商品を置くための努力

「そうは言っても、品揃えがたいへんじゃないか」と思われる方もいることと思います。

しかし、主力一番商品の、ピンからキリまでの商品が、等しくすべて売れるということはあり得ません。

■大手チェーンの部門別商品構成

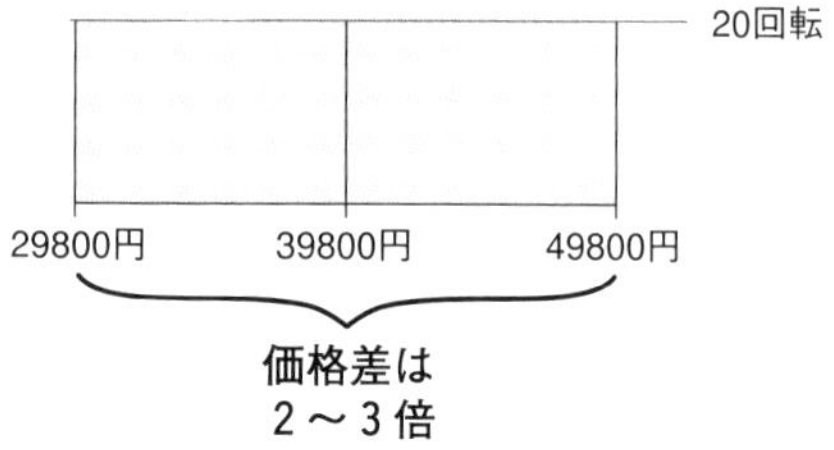

大手チェーンは効率の商売であり、この効率のよい商品アイテムだけを揃える。
たとえばこの場合、すべてのアイテムが年間20回転と考えられる。

■超専門店の部門別商品構成

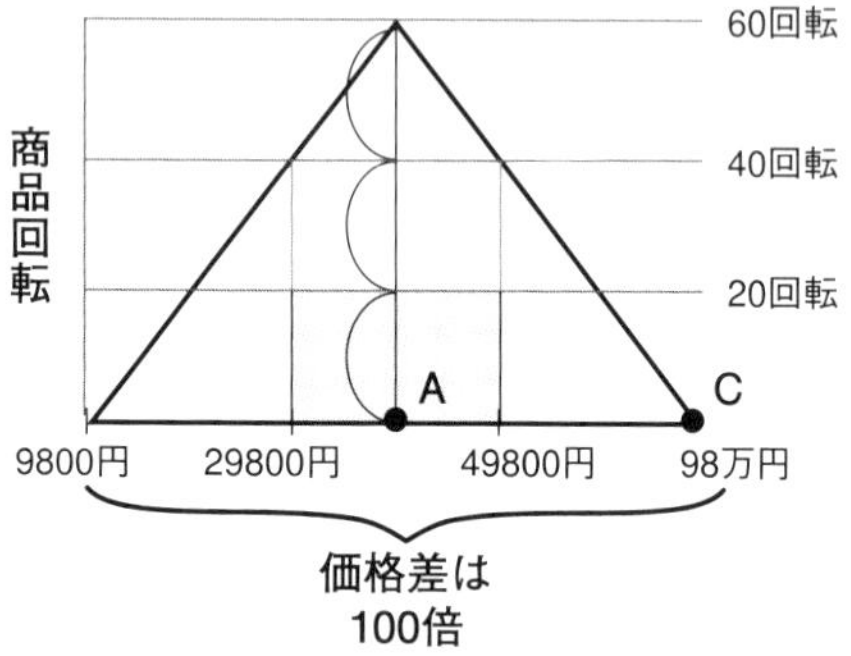

100倍の価格幅を持つ品揃えの場合、ボトムラインのAアイテムは大手チェーンの2～3倍も売ることができる。
ボトムラインを大手チェーンの2倍～3倍も高回転させることで、年に1回転しかしないCアイテムまで品揃えすることができる。
平均すると、Cアイテムも年間20回転ということになる。

たしかに、それらの中には年に1回しか売れないものもあります。

しかし、それはそれでいいのです。

年に1回転しか売れない、効率の悪い主力商品でも置けるように努力するのです。

単純に、店では右下図のように、商品Aが年間60回転売れるとします。

平均すると、この部門は年20回転になります。

ある商品が年に1回転しか売れなくても、部門全体として平均すると20回転になります。

しかしあなたの商売は、年間20回転する商品だけを揃えることが目的でしょうか。

もしそうなら、主力一番商品のカテゴリーしか扱っていない、われわれのような中小企業、中小専門店はつまらない店になってしまうことでしょう。


超専門店として、主力一番商品のピンからキリまでの品揃えをして、主力一番商品の売れ筋を大手チェーンの2倍でも3倍でも売ること、またさらに、年に1回転しかしないような効率の悪い主力一番商品まで揃えることが、商売人の心意気ではないでしょうか。

言い換えると、年に1回しか売れないような主力一番商品を置きたいがために、売れる主力一番商品を、さらに1回でも多く回転させるわけです。

そして、主力一番商品の品揃えを、大手チェーンよりも1品でも多くできることが、お客にとっての選べる自由、ショッピングの楽しさとなり、現場にいるわれわれ商売人としては、「どうだ、うちの店にはこんなモノまで揃えているぞ」という自信、誇りとなるのです。

私たちの仕事は、目利きと品揃えです。

主力一番商品というのは、目利きである私たちが選んだ商品なのです。

◎主力一番商品の品揃えこそ超専門店の心意気

「さすが、ここは専門店だからこんなものまである！」というのが、中小店の最大の存在意義です。

それを忘れてしまっているのです。

あなたの店、あなたの会社がもし今、行き詰まっているとしたら、専門店的な品揃えにとことんこだわることなく、大手チェーンの戦略ばかりを勉強をしてきたため、売れる商品だけに絞り込んでしまった結果なのです。

その店の社員が、いくら商品知識や接客技術があっても、商品がなければお客様を満足させることはできません。

商品構成も売場も経営もすべて同じです。

そして、その売場、商品構成、経営方針を表わしたものがチラシなのです。

だからチラシは、商品や現場を知らないチラシ担当者レベルでつくってはならないのです。現場を表わした縮図がチラシだからです。

そして、品揃えと同じように大切なことは「価格帯」です。

お客様のお金の出し方を予測して価格帯を考えるということは、とても大切なことです。

最初は、あなたの得意商品の魅力や利便性などによってお客様の関心を引いたとしても、最後はお客様にどれだけの価値を見出させて価格帯で満足させ、お客様の購買意志決定につなげていくかが問題となってくるからです。

◎「価格だけ客」を育てよう

お客様が品質を重視するのは当たり前のことで、いくら安くても欠陥があれば、お客様は買いません。

お客様が商品を買う場合、品質と信頼を重視するお客様が7割ほどで、残りの3割が、「価格重視で安ければいい」というお客様です。

一般的にはよく、「この7割のお客さんを集めましょう」と言います。

安ければいいという3割のお客は無視して、「最初から、この7割のお客さんを集めましょう」というわけです。

しかし、このような手法は、よほど市場規模が大きくなければできません。

実はお客様は、自分が興味を持っている商品以外は、最初から品質にこだわっている人など、ほとんどいないからです。

自分が興味のない商品に対しては、「どれでも同じだろう」という感覚です。

自分が興味を持っている商品に関しては品質にはこだわりますが、必要ではあっても興味のないものに関しては、最初からこだわっている人などほとんどいないのです。


先月、私の家の洗濯機が壊れました。

安いものなら、3～4万円ぐらいで買えるかな、と思っていました。

私も含めて、家族は洗濯機のマニアでもないし、洗濯機にはこだわりもありません。

私自身も、「洗濯機なんかどうせどれでも同じだろう、安ければ何でもいい」と考えていました。

家族みんなも、同じように考えていました。

ところが翌日、妻が買ってきた洗濯機は、家族みんなの予想をはるかに超えた15万円ほどの洗濯機でした。

3～4万円程度の洗濯機を買いに行った妻が、15万円もの洗濯機を買ってきたのです。

■「価格だけ客」だと思っている品質客も集めよう

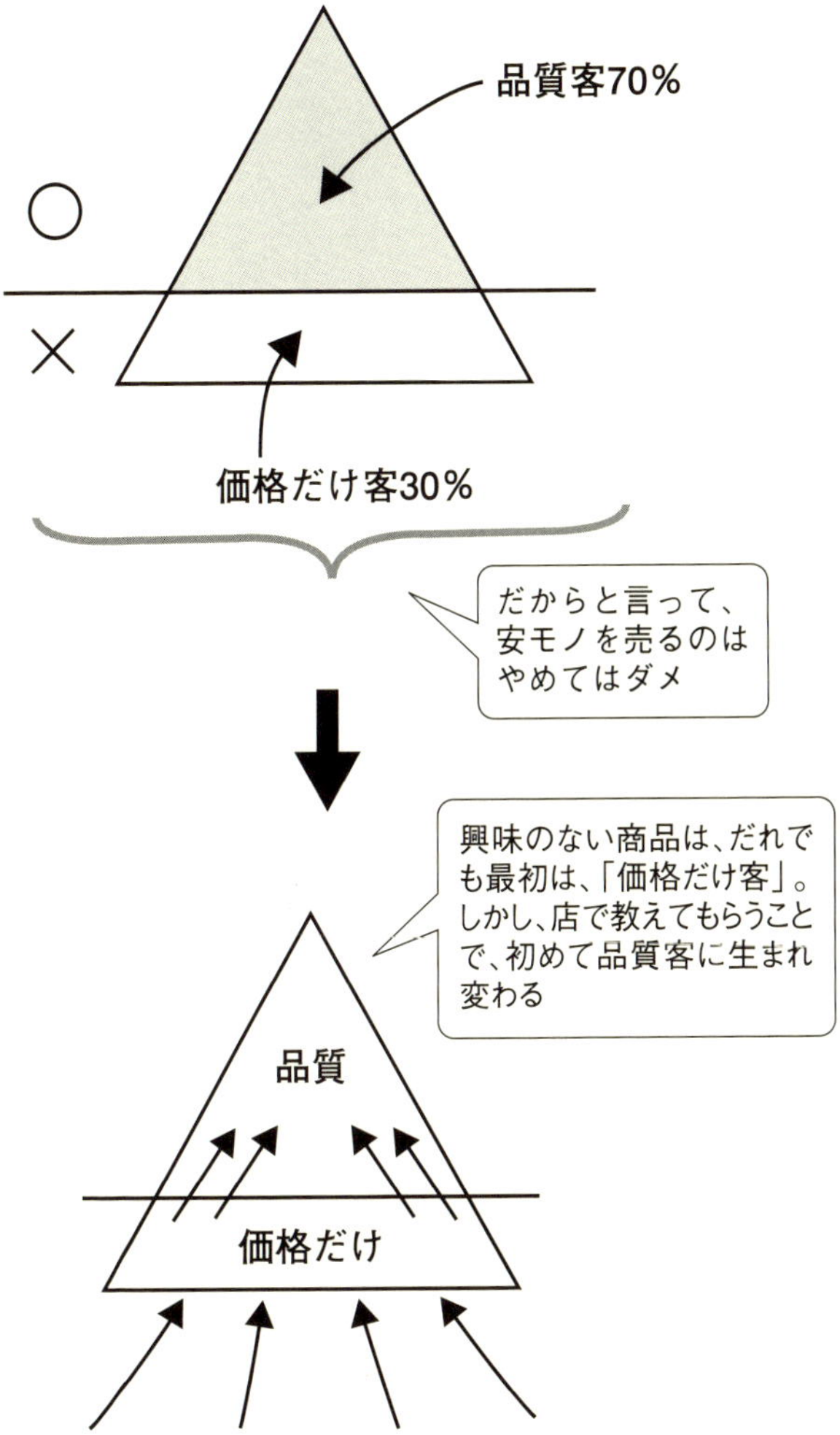
品質客70%
○
×
価格だけ客30%
だからと言って、
安モノを売るのは
やめてはダメ
興味のない商品は、だれでも最初は、「価格だけ客」。しかし、店で教えてもらうことで、初めて品質客に生まれ変わる
品質
価格だけ

たしかに、3～4万円の洗濯機でも問題はなかったのですが、売場に行って、店員から話を聞いているうちに洗濯機に興味を持ちはじめ、安ければいいと思っていたお客だったのが、現場で商品知識を得たことで、品質と信頼を重視する「7割のお客」に変身してしまったのです。

そして、妻は大満足で、品質機能を聞いた私も、それを使って大満足となったのです。

「へぇー、これだけの機能と内容にしては安いよね」

「前に使っていた洗濯機の不満をすべて解消してくれる」

と、性能に驚いては「商品」に感動しているのです。

◎お客様は来店してもらってから選別する

「安モノでいい」というお客ばかりをチラシで集めて、安モノばかりを売っている電気屋に買い物に出かけたのですが、商品を知ることによって、7割の「品質にこだわるお客」に変身したのです。実際、チラシでお客様の意識まで変えるというのはむずかしいことです。

そこまで伝えることは、たしかに困難です。

ですから、あなたの商品を必要としているお客様全員に来てもらうようにしましょう。

サトーカメラでたとえるなら、安いフイルムを買いに来てくれた人でも、カメラの品質にこだわる「見込み客」になる可能性があるからです。

何も、カメラに興味のない人や必要としていない人を、見込み客として育てる必要などありません。

つまり、チラシの役割というのは、「徹底的に集客にこだわる」ということです。

最初の導入段階では、「価格だけ」という人がほとんどです。

しかし、来店してからのお客様は、「何に対してお金を払うのか」ということなのです。

チラシ上で、すべての品質や機能を伝えることはむずかしいけれど、来店していただければ、そこからお客様を選別するという方法もあります。

安い、一番売れ個数の多い商品を売りまくることは、チラシの集客力です。

そして、来てくださったお客様は、少なからずあなたの主力商品に興味がある人、必要と感じている人たちです。

業種によっては、市場が狭い業種もあります。

全国で、市場規模が1兆円以下の業種であれば大衆をめざし、安ければ何でもいいというお客様も、チラシで根こそぎ取り込むのです。

勝手にお客様が育つのを待っていたのでは、あなたの業種はどんどん市場規模が小さくなっていってしまうでしょう。

7章

地域一点突破を成功させるために

❶ 地域一点突破の正攻法

◎地域一点突破のためのチラシ戦略

これまでの話の中でも、主力一番商品で一点突破をするためには、「価格帯」と「品揃え」が重要であることをお話ししてきました。

さらに、価格帯の一点突破の次に来るものが「地域一点突破」です。

一点突破のための「商品」が決まり、「価格帯」が決まり、「商品構成」も決まりました。

では、「地域の一点突破」とは、どのようなやり方で行なえばいいのでしょうか？

生活必需品、消耗品、低単価商品の場合、発行部数は少なくてもいいですから、チラシ発行回数を増やすことです。月に１回でも多くチラシを打つ方法を考えましょう。

逆に、趣味嗜好品、耐久消費財、高単価商品の場合は、チラシ発行回数より、チラシを１枚でも多く撒く方法を考えましょう。

基本的に、新聞に掲載する広告はやめたほうがいいでしょう。

あなたの主力商品のブランドに信用がなく、あなたの業種に対しても社会的な信用がなけ

れば、新聞に広告を載せたほうがいいでしょう。

商品そのものの価値を、お客様がすでに知っているという場合は、折込みチラシのほうが効果的です。

これは、新聞広告は守備範囲が広すぎて、自店の市場地域ではないところにも情報が入ってしまうからです。

しかし、チラシの場合は、自店の市場地域に絞って打つことができるため、地域に密着した中小企業、中小専門店ならではの商売ができるからです。

◎「売れるチラシ」は情報量で決まる

たとえば、商品が１００種類載っていれば、単純に１００人のお客様が来ると考えてください。２００種類載せれば、２００人来るということです。

そうすると一般的には、たくさんの情報を入れるためにチラシ自体のサイズを大きくしがちです。

しかし、情報の量とチラシのサイズとは比例しません。

ですから、チラシサイズに固執することは、あまり意味はありません。

極端なことを言うなら、今までＢ３サイズのチラシで１００種類の商品を載せていたら、チラシのサイズはそのままで、そこに2倍の２００種類を載せる努力をしてください。

１００種類載せれば１００人来ます。

２００種類載せれば２００人来ます。

また、半分の50種類しか載せなければ、お客様は50人しか来ません。

単純にそう考えてください。

◎チラシは、サイズよりも情報量が決め手

チラシサイズを大きくしたからお客が増えたとか、小さくしたからお客が減ったということではないのです。

さらに、チラシサイズを小さくしても、今まで通り、情報量を１００種類載せていれば、今までと同じように１００人のお客様が来ます。

それをあなたは勘違いをして、チラシサイズの大きなほうが、たくさんのお客様が来ると思っているのです。

チラシサイズが大きいということは、ただ単に情報量が多くなることでお客様が増えるということなのです。

お客様は、チラシサイズが大きいからチラシを見るのではありません。そこに載っている

商品件数＝情報量が多いから、情報を必要としている人がチラシを見るということなのです。いくらチラシサイズを大きくしても、以前と同じ商品件数１００種類しか載っていなければ、１００人のお客様しか来店しません。

つまり、チラシサイズが大きいか小さいかではなく、いかにその中にどれだけの情報量を詰め込んだか、ということなのです。

ポイントは、「**情報量が多ければ、お客さんは増える**」ということです。

あなたのチラシには当然、予算という制約がありますが、Ｂ３サイズのチラシだろうがＢ４サイズのチラシだろうが、同じ情報量を入れることができれば、お客様が減ることはないのです。

大切なことは、情報量を減らさず、商品の特性に合わせてチラシ発行回数を増やすか、チラシ枚数を１枚でも多くするということなのです。

主力一番商品が生活必需品であれば、毎日必要なものなのですから、チラシ発行回数を１回でも増やすことを考えましょう。

簡単に考えると、生活必需品というのは、コンビニなどで売っているような日常的な商品のことです。

ここで注意しなければならないことは、チラシ発行回数をがんばって増やしても、チラシ枚数を増やさなければならないような広い範囲には、チラシは打たないことです。

近所に店がない、あるいは大量にまとめ買いをするとき以外は、特別な例外がない限り、お客様は、日常使う生活必需品を車で30分もかけて買いに行くことはないからです。

◎商品特性に合わせたチラシ戦略を考えよう

私が、「チラシのサイズは小さくしてもいいんです」と言うと、単純に考えて、商品の情報量も少なくしてしまう人がいますが、それが、お客さんを失ってしまう原因になっているのです。

また、何でも闇雲にまねをするのではなく、あなたが扱っている商品の特性に合わせた、地域一点突破型チラシを考えなくてはなりません。

生活必需品や消耗品は、市場が大きいから地域を小さく絞り込み、チラシ発行枚数を少なくしてでも、チラシ発行回数を増やす努力をします。

主力商品の特性を間違えると、予算の範囲内でチラシのサイズだけを大きくし、チラシ発行回数を減らす一方、チラシ発行枚数は増やしてしまうという、販売効率に逆行するようなことをしてしまいがちです。

これでは、業績は上がりません。

関西の、あるドラッグストアのチラシを例にご説明します。

その店では、毎日使う生活必需品を大量に扱っていました。

そして、競合店を意識して、チラシサイズをB4サイズから2倍の大きさのB3サイズにしました。

予算の関係上、月1回のペースで、しかも広範囲に、1店舗約5万部もチラシを打っていました。

しかし、これでは業績は上がりませんでした。

生活必需品や日用品が主力商品であれば、地域一点突破の方法が間違っています。

そこで、売上げも利益も上げるために、今までと同じ1回のチラシ予算の範囲内で、チラシサイズをワンサイズ小さくB4サイズにしました。

これだけでも、チラシ折込料まで含めると、二十数％も安くなります。

そして、チラシサイズを小さくしても商品件数はB3サイズのときと同じにします。どうしても同じ件数が載せられないのであれば、一番売れない商品をチラシからはずしてください。情報量は減らさず、さらにチラシ発行枚数を1店舗あたり約5万部（半径10キロ商圏）から1万5千部（半径2キロ商圏）に減らして地域を狭めて、今までのチラシ1回分の予算で、チラシを3回打ったほうが効果的です。

ちなみにこの会社は、このような地域一点突破法で、昨対比売上げが１５０％にまで上がりました。

◎高額商品のチラシ戦略とは

次に、主力商品が趣味嗜好性の強い耐久消費財、高額商品の場合を考えてみましょう。

耐久消費財というのは、３年から5年に1度買うもの、あるいは買い換える商品です。

この場合、数年に1度の高額な買い物ですから、お客様は車で30分かけてでも、納得した商品があれば買いに行きます。

また、全国レベルで見ても、売上規模は消耗品ほど大きくない商品がほとんどです。

日常的に使う商品ではない趣味嗜好性の強い商品は、チラシ発行回数をいくら増やしても効果は上がりません。

このような商品は日常品とは逆に、チラシの配布範囲を広くしないと、チラシ効果は出ません。

次は関東の、ある呉服屋さんの例です。

呉服業界は、市場規模が５０００億円産業という小さな業界です。

■売れるチラシは情報量で決まる

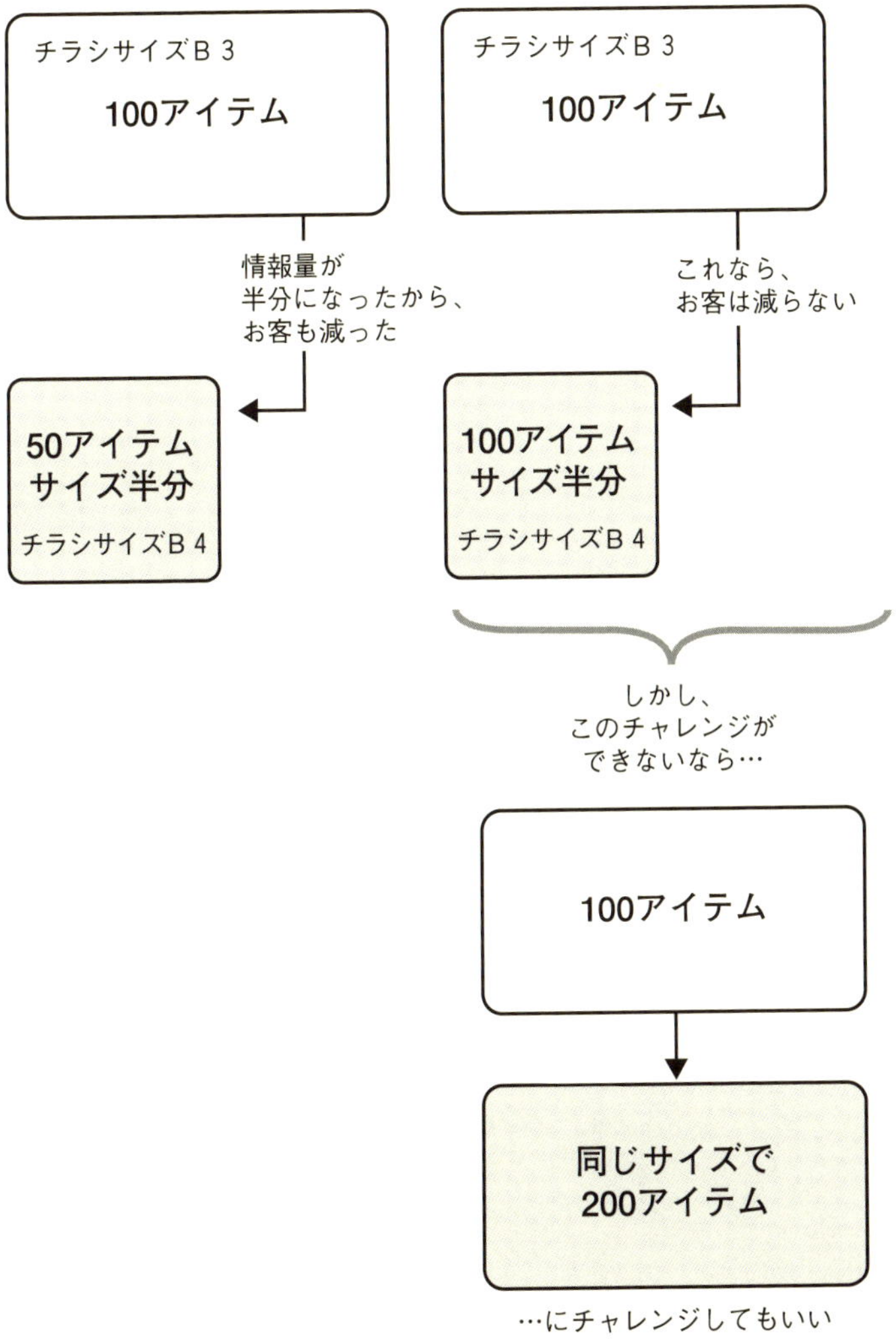
チラシサイズB 3
100アイテム
チラシサイズB 3
100アイテム
情報量が
半分になったから、
お客も減った
これなら、
お客は減らない
50アイテム
サイズ半分
チラシサイズB 4
100アイテム
サイズ半分
チラシサイズB 4
しかし、
このチャレンジが
できないなら…
100アイテム
同じサイズで
200アイテム
…にチャレンジしてもいい

そのような業界の場合は、チラシの発行回数を減らしてでもチラシの配布範囲（商圏）を広げます。

商圏を広げるということは、チラシセール期間は長くしてあげたほうが、遠方のお客様は助かります。

そして、今までと同じ月2回ペースのチラシ予算を、そのまま月1回のペースに変えてもらって、チラシ発行部数をその分増やしました。

今までと同じ予算で、さらに地域を広げてチラシを打ったほうが商品の特性上、効果的です。

ちなみにこの店は、地域一点突破で昨対比売上げが140％にまで上がりました。

あなたの業界の規模が全国で5000億円以下の場合は、チラシ範囲をできるだけ広く考えてください。業界規模が全国で1兆円以上なら、それに合わせて小さな市場に絞り込んでも大丈夫です。

2 商品の成長段階を見きわめよう

◎地域一店突破のチャンスを見誤るな

さらに大切なことは、商品にはそれぞれに「成長段階」があるということです。

「市場シェアが、地域でのあなたの店の認知度であり、お客様支持率である」というように、一般的に市場シェアには、「導入期」「成長期」「成熟期」「安定期」とあります。

これと同じように、一つひとつの商品にも、「導入期」「成長期」「成熟期」「安定期」があります。

まず冷静に、市場での自店のポジションを知り、自店の主力商品は今、どの位置にあるのかを見きわめるのです。

このことを疎かにすると、墓穴を掘ることにもなりかねません。

自店のポジションを分析し、得意商品の成長段階を知れば、お客様が今求めている情報に、的確に対応することができます。

このことによって、得意商品の新しいニーズがつかめるのです。また、それに合わせた対

応も、的確にできるようになっていきます。

具体的には、あなたが扱っている商品を、時系列傾向と商品の成長段階を使って分析していくのです。

◎得意商品の成長段階を見誤って失敗した事例

サトーカメラでは、得意商品の成長段階を見誤って失敗し、それを即改善につなげたこともあります。

以前から、市場規模の小さな耐久消費財であるフィルム式カメラを売るために、年々チラシの発行枚数を増やして、チラシ商圏範囲を広げてきました。

しかし私は、時代が、安定期のフィルム式カメラから成長期のデジタルカメラへと変わってきているにもかかわらず、同じカメラとして、安定期の地域戦略を取っていたのです。

フィルム式カメラは、もう15年以上も前から安定期に入っており、市場規模は全国５００万台レベルでした。

そこで私は、新しく登場してきたデジタルカメラについても、フィルム式カメラのイメージで、カメラの市場規模は安定期で小さいという固定概念をなかなか取り去ることができず、チラシの商圏範囲を広いままにしていたのです。

カメラはもともと、市場規模が小さい商品ですから、チラシ範囲を広くしなくては商売にならなかったことも事実です。

ところが、カメラそのものが、安定期のフィルム式カメラから成長期のデジタルカメラに変わっていたのです。

商品の市場規模も変わり、デジタルカメラはフィルム式カメラの市場よりも約2倍の規模になっていたのです。

◎入れ替わっていた主力商品

カメラを買う人と商品が変わることで、市場は2倍にも膨れ上がっていました。しかし私は、以前のイメージで、チラシ商圏範囲を広げたにもかかわらず、利益が上がってこないことから、さらに年間のチラシ発行回数を減らしてしまったのです。

すると当然、デジタルカメラの年間の市場シェアが落ちてしまいました。

「これはどういうことだ!」と分析してみたところ、単純なことがわかりました。

つまり、市場規模も2倍になりましたが、自店の得意商品が、安定期のフィルム式カメラから成長期のデジタルカメラに変わっていたのです。

ですから、得意商品の成長カーブをあらためて考慮したうえで、地域戦略を練っていくべきだったのです。

デジタルカメラは成長期で、今までの2倍も売れている。それなのに私は、安定期に入ったフィルム式カメラを売る感覚で、チラシの商圏範囲を広げてしまっていたのです。

安定期に入った商品は、トップシェアを押さえていない競合は退散し、メーカーの新商品サイクルも長くなり、1品に対する利益は稼ぎ出します。

一方、成長期の商品は商品の成長とともに新規参入店が増え、トップシェア争いと安売り競争がはじまり、メーカーもまたシェア争いに勝つため、新製品のラッシュとなっていきます。

このような状況下では、われわれのような中小店は、利益を稼ぎ出すことはできません。したがって、成長期の商品販売は薄利多売の在庫回転で安定期の商品より2倍売って、何とかキャッシュフローで利益額を出さなければなりません。

つまり、成長期のデジタルカメラを売るのであれば、商圏を広げたのでは、チラシコストがかかります。さらにチラシ発行回数を減らしたのでは、在庫回転の競争に勝つことはできないのです。

このような場合は、同じ予算内でチラシサイズをワンランク縮小し、チラシの商圏範囲を

2分の1に狭めても、市場が今までの2倍に膨れ上がっているのだから十分なのです。

そして、チラシ発行回数を今までの月1回ペースから2回にして、さらに今まで月2回のシーズン時には月4回打つのです。

◎成長段階によって、戦略も変わる

たとえば、A地域で月間1000台しか売れなかったものを、2000台売りたいと思ったら、隣のB地域にまでチラシ商圏範囲を広げていこうと考えるのは自然です。

ところが、商品の特性が成長期商品のデジタルカメラに変わって、伸びる商品であると予測されるため、「トップシェアを取ろう」と、新規参入業者も多数参入してきて、安売り競争に入ります。

その結果、利益率は落ちてきますから、販売台数と商品回転で、何とか利益額を上げていかなければなりません。

つまり単純に、このA地域だけで月間2000台が売れる市場になったということです。

だから、まずはA地域でトップシェアを狙えということです。

私は、得意商品の成長段階を考えず、自社の利益率の下落だけを見て、単純にチラシ発行回数を減らしてしまった結果、売上台数の下落、そして得意商品の持つ成長段階の読み間違いによって、業績まで落としてしまったのです。

この改善策として、年間のチラシ予算の中で地域を小さく絞って、チラシサイズを半分にする一方で、チラシ発行回数は増やしていきました。

私の予想は、みごとに的中しました。

利益率の低い、成長期のデジタルカメラの利益率を上げることは、なかなかむずかしいものです。

しかし、売上台数を上げることによって、利益額でカバーすることができたのです。

■商品の成長段階に応じて市場も変わる

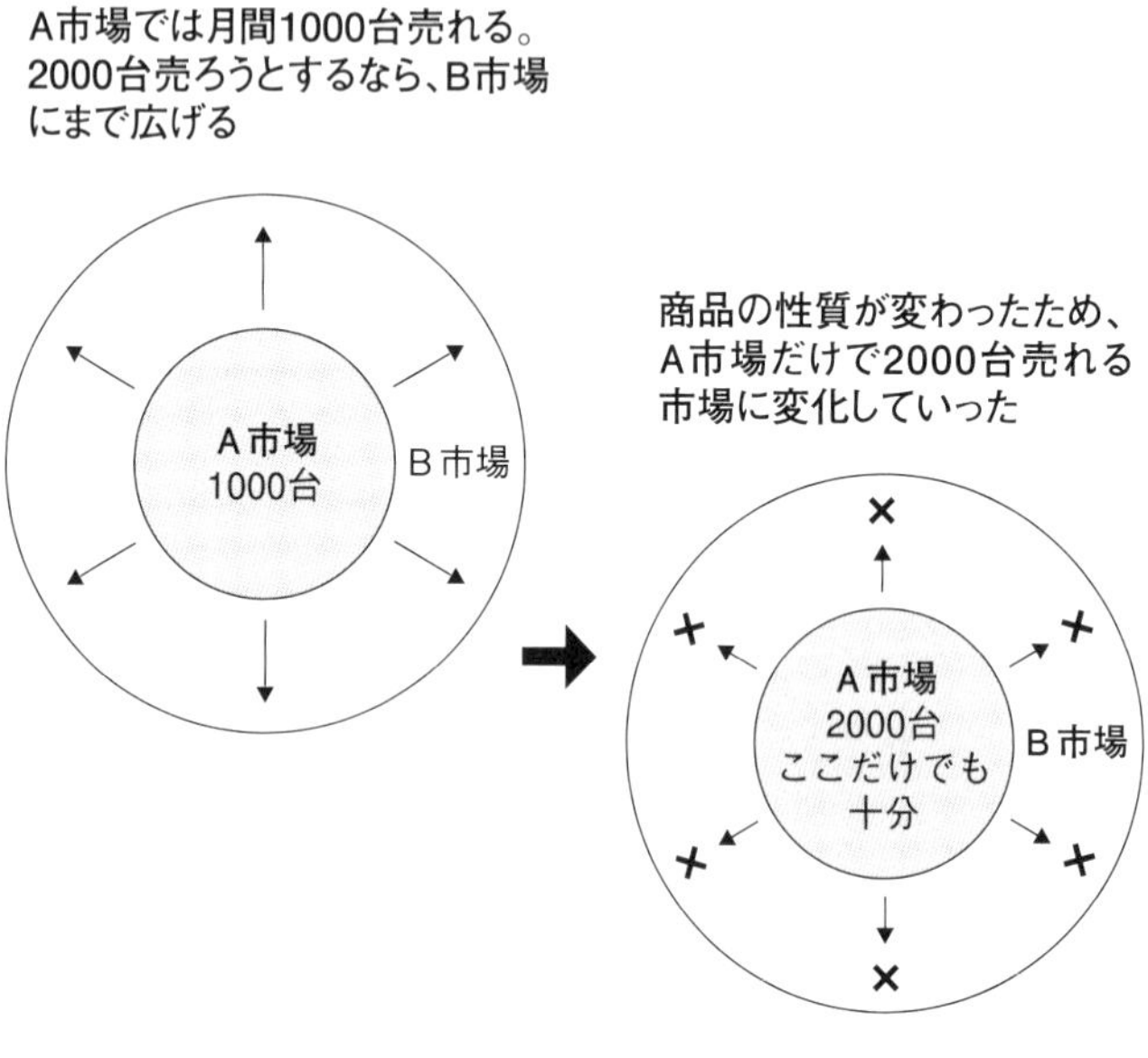
A市場では月間1000台売れる。
2000台売ろうとするなら、B市場にまで広げる
A市場
1000台
B市場
商品の性質が変わったため、
A市場だけで2000台売れる
市場に変化していった
A市場
2000台
ここだけでも
十分
B市場

この事例のように、得意商品の持つ成長段階が変われば、戦略も変えなければなりません。

■成長期にある上り坂の商品の場合は、チラシの発行回数を増やす

■成長期で市場規模が大きい商品は、地域を小さく絞る

基本的に、成長期の商品は安売り合戦になりますから、そこに引き込まれることはたいへんに危険です。

しかし、勝ち抜いていかなければなりません。

そのためには、主力商品を2倍売って利益額でカバーしなければならないのです。

■主力商品の成長段階

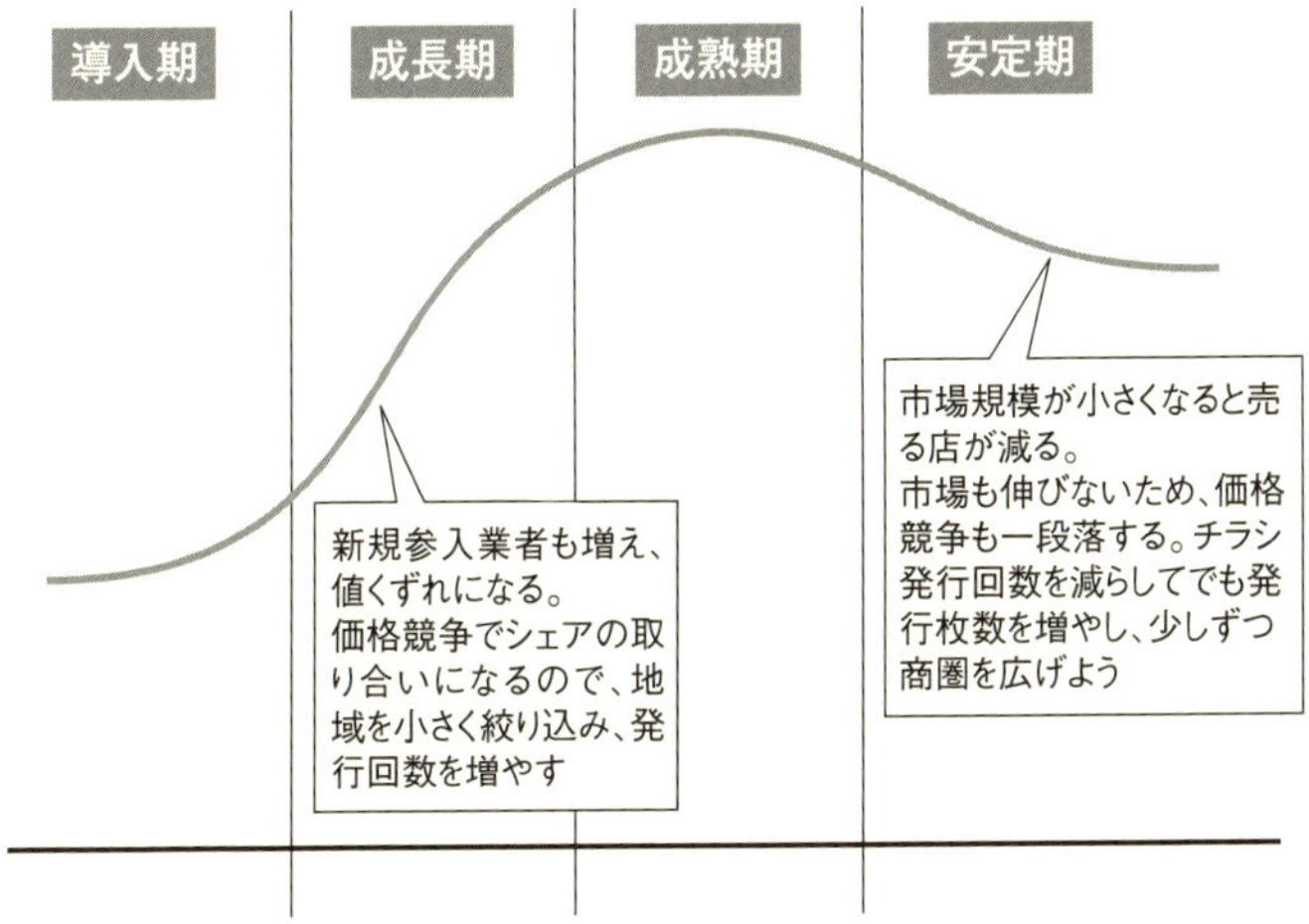
導入期
成長期
成熟期
安定期
新規参入業者も増え、値くずれになる。
価格競争でシェアの取り合いになるので、地域を小さく絞り込み、発行回数を増やす
市場規模が小さくなると売る店が減る。
市場も伸びないため、価格競争も一段落する。チラシ発行回数を減らしてでも発行枚数を増やし、少しずつ商圏を広げよう

そのための策として、チラシ商圏範囲を絞ってでも、チラシサイズを半分にしてでも、チラシの発行回数を増やしていく方向をめざしてください。

商品がピークを過ぎて安定期に入ってくると、市場も落ち込んできますから、チラシ発行回数を少し減らしてでも、チラシ商圏範囲を広げていくという作戦を立てるのです。

基本的に、市場規模が伸びている成長期商品は、メーカーは儲かりますが小売業は儲かりません。

どんな商品であっても、急激な成長期が過ぎると、やがて安定期がやってきます。

商品が安定期に入ると、「一発屋的」ライバル店は、しだいに淘汰されていきます。

この安定期に入ったときはじめて、われわれ専門店としての本来の商売がはじまるのです。

しかし、その前に成長期の価格競争に引きずり込まれて、そのまま成熟期も同じ売り方をして失敗し、淘汰されていく店や会社がほとんどなのです。

◎商品の成長段階を見きわめよう

商品を売るための戦略を立てるうえで、その商品が成長期にあるのか、安定期にあるのかということを読み間違えてしまうと、先ほどのようなミスを犯してしまいます。

「売れるチラシ」ということで「形やネタ」のことばかりを考えず、「この得意商品は今、どのような成長段階にあるのか？」ということも分析しておかないと、売れるチラシはつくれません。

このことは、私自身が頭ではわかっていても失敗し、その実際の結果から改善して実証してきたことです。

チラシのことばかりを考えていると、チラシのつくり方だけに凝り固まってしまって、実は一番大切な自分の得意商品が、今どのような状態にあるのかということがわからない、ということが起きてしまうのです。

あなたの取り扱っている商品は成長期なのか、まだ導入期なのか、それとも安定期なのか。それを見きわめなくては、売れるチラシはつくれません。

成長期の商品には商品自体に力があるわけですから、「地域は広げず、逆に地域を絞って、そこの井戸を深く掘る」ということです。

8章

客層一点突破で勝つ

1 お客様の満足にこだわろう

◎チラシで客層を絞り込もう

商品を売っていくためには、性別、年齢別のターゲットを想定しながらも、どの世代のお客様にも満足を提供していくことに徹底的にこだわらなければなりません。

私は、チラシの内容をある程度、自分が想定する客層に絞り込んでもいいと思います。「これは、こんな人に便利ですよ」と提示してあげることで、お客様は商品を選びやすくなるからです。

そして、お客様はこちらの提示したことから勝手に発想を広げ、自分のライフスタイルに合った使い方を勝手に想像するようになるからです。

そう言いながらも、性別とか年代別に分けることはむずかしくなってきていることもたしかです。

しかし、あなたが「30代の女性」と客層を勝手に決めて情報の一点突破をすることで、お客様も勝手に自分中心にライフスタイルを想定するようになります。

ですから、実際に購入される客層は、20代の女性でも40代の女性でもいいわけです。

サトーカメラの場合は、ファミリー層の一点突破を明確に打ち出しました。

しかし、お客様は千差万別です。子どもからおじいちゃんおばあちゃんまで、あらゆる客層を網羅しています。

これは、市場規模が小さい業界にいるため、自店で勝手に客層を絞りながらも、現場レベルでは、すべての客層を網羅するというようになってきています。

結局、客層とはリサーチ会社が大手メーカーに提出するためのデータにすぎないのかもしれません。

◎自店のコンセプトを明確にすることで客層が絞り込める

たしかに、客層を絞り込まないと店のコンセプトがぼやけてきます。

しかし、その客層とは、年代別でも男女別でもなくなってきています。

現在のサトーカメラが絞り込んだ客層とは、「想い出をキレイに一生残す」をコンセプトとして、写真が持つ記録性・記憶性・楽しさ・活力を求める人、さらに、子どもに「想い出の写真」を残してあげたいと願う両親です。そして、写真を撮るための道具としてわれわれがすすめるカメラは、一番の機能価値である「キレイに撮れるカメラ」、さらに、使いやすくて飽きのこない、スタンダードモデルを中心とした「少しでも永く使えるカメラ」です。われわれは商売ですから、2、3年で買い換えてくれたほうがありがたいのですが、そんな予算があるなら、1枚でも多くの写真を残してください、と本気で願っています。想い出は写真1枚から残せますが、カメラ本体は、いくら買い換えても想い出を残すことはできないからです。

このように、自店のコンセプトを主張して絞り込むことが、客層の一点突破になるのです。自店の思想、自店の価値、自店のコンセプトを理解してくれる客層だけを集めるのです。その結果、そのコンセプトに共鳴したお客様だけが、老若男女を問わず、貧乏人も金持ちも関係なく来店することになるのです。

このコンセプトを永遠に、自店のコンセプトが変わるまでチラシで主張し続けるのです。

◎単純な客層分けはもう通用しない

最近では、「蘊蓄は垂れるがお金はない」という、評論家的な客層が増えています。情報化社会になって、膨大な情報が瞬時に得られるわけですから、商品だけでなく、お客様が持っている知識に対して、知的刺激を与える能力が求められているのです。

これまでなら私たち売り手は、お客様を単純に、男女・年齢年代別と客層別に分けていました。もちろん、プロ用セミプロ用など、提供する商品についてよく知っている人を対象とするか、それほどくわしくない人＝大衆、アマ用という客層で分けていたこともあります。

しかし、現在の情報化時代は、最初はアマチュアだった人でも、インターネットで情報を検索していくうちに、情報のプロが育ちはじめるようになった、ということです。

情報化時代とは、このような〝にわかプロ〟や頭でっかちを生むような流れを、どんどん促進させているのです。

今ではもう、男女、年齢、お金の有無など関係なく、すべてごちゃまぜになってしまっていますから、「客層の一点突破」を考えた場合、性別や年齢だけでターゲットを絞らないほうがいいでしょう。

これまで「客層別」と言うと、年代を含めて、男用女用などに分けてきました。しかしこれは、あくまでも大手メーカーの「売れた結果の整理」にすぎません。市場を、わかりやすくするためのデータなのです。

たしかに、われわれ商売をする側にしてみると、このようなデータがあると、とても楽でした。

ところが情報化社会の現代では、そういった安易な選び方ではなく、年配の人だろうが若い人だろうが、「このように使いたい」という人が、自分自身の「用途」に合わせて買っていきます。

◎コンセプト別客層の一点突破へ

つまり、それだけお客が自立してきているわけです。

情報化社会においては、老人、子ども、男女も関係なく、自分に合った商品を探します。

昔は、その年代の人しか知らない「もの」がありました。年配者向けのグッズは、若い人たちは知りませんでした。

しかし今の社会は、年配の人が使っていた「もの」でも、それが快適なら、子どもでも使います。

今まで、われわれが年代別に勝手に決めていた、得意商品に対する客層が変わってきているのです。

もう一度言いますが、「客層の一点突破」を考えるとき、年代や性別にこだわるのではなく、自店のコンセプト別、さらに用途別という考え方も加わってきたことをしっかりと認識し、「コンセプト別客層の一点突破」へと、われわれ売り手も発想を進化させていかなければならないのです。

◎商品の用途を明確にしよう

商品の用途を明確にしてあげることによって、ターゲットはもちろん、ターゲット以外のお客様も集客することができます。

自店が、客層を想定して絞ることは、商品の一番いいところをアピールすることですから、とても重要なことです。それプラス、用途を情報として流すことによって、それまで対象外だった人も、その商品を選ぶことができます。

売り手からの情報を、自分なりに分析して選ぶのはお客様自身です。

お客様は、チラシの情報の中からさまざまな発想を考えているのです。

チラシを、このようなお客様の心に投げ込むことによって、お客様はあなたのチラシの中にある得意商品に感動し、発想し、夢を抱き、その結果、あなたの店に来店するようになるのです。

「得意商品一点突破」「価格帯一点突破」「地域一点突破」「客層一点突破」

この四つを毎回分析し、たった1枚のチラシの紙面上に表現することによって、売れるチラシ、勝てるチラシをつくることができるようになるのです。

あとがき

1997年の夏、私の師であり友人であり、大先輩でもある、〝バリューマーケティング〟の創始者・宮内亨氏と出会い、「俺の若い頃に似ている！」と言われ、お互いに意気投合した。

氏は、それから3年後の2000年、こんなハチャメチャな私を経営コンサルタントの世界に引きずり込み、日本販売促進研究所という社名まで命名してくれた、意外に世話好きな人でもある。

さらに氏は、その2年後の2002年、私をその気にさせて1作目の著書、「日本一のチラシはこうつくれ」を執筆させ、また、ありがたいことに本のタイトルまで勝手に命名してくれたおせっかいな人でもある。

それからさらに1年後の2003年、今度もまた、氏に誘われるまま、大阪で氏が主宰する出版会議に顔を出した。

もちろん、冷やかし半分、遊び半分で顔を出したのだが。そこで、今回たいへんお世話になることになった同文舘出版の古市達彦氏を紹介された。その会議の最中、なぜか私の商売人の魂に火がついた。

そう、「ここぞ！」と思った瞬間、古市氏に自分をガンガン売り込んでいるではないか。

なぜ、「ここぞ！」と思ったのか？

それは、古市氏がその会議中にボソッと吐いたひと言にあった。「ビジネス書を出版するための私の基準は、10年後も売っていける本である」と言ったのだ。

要するに、軽い内容の刹那的なビジネス本が氾濫する昨今、「軸がしっかりした、原理原則に則った本じゃないと、私は出版しないよ」というビジネス書業界の本物の編集人だったのだ。

私はその一言にしびれた！

さらに彼は言う。

「面白い奴はたくさんいる、本を出したい奴もいっぱいいるよ。しかし、何だかんだ言っても、書いてこない奴が一番多いし、途中で逃げ出す奴も実に多い」と言うのだ。

その場で古市氏を口説き落とした私は、６ヶ月間で原稿を仕上げるように依頼された。

それから1年が過ぎ、依頼された期限の2倍の期間もかけて原稿を仕上げた。

私だって忙しい。会社を経営しているわけだし、部下だって１００名以上いる。また、セミナーや講演などで全国を指導して回っていて、ビジネス誌にも執筆しているし……（言い訳ばかりで面目ない）。

ちなみに、1作目の執筆には2年もかかった。それに比べれば、われながらよくがんばったものだと思う。

古市氏には尻を叩かれ、宮内氏にも発破をかけられたおかげで、2作目は2倍も早く仕上がったのだから、私からすれば実にありがたい方々である。

今回、たいへんご迷惑をおかけしましたが、本当にありがとうございました。これからもよろしくお願いいたします。

最後に、読者にひと言。

たとえば、あなたが将来、大手チェーンや最強のローカルチェーンをつくることをめざしたとしても、あるいは、最強の小さな会社をつくることをめざしたとしても、まずはひとつの大繁盛店をつくることに行き着くはずだ。

それを達成してから、あなたの好きな道へ進めばいい。あなたがどこをめざそうが、スタートはいつも、たったひとつの大繁盛店からはじまる。

その大繁盛店をつくり出すために、この本の読者が1人でも多く経営戦略に役立て、商売に役立て、商品戦略に役立て、地域戦略に役立てていただくことができれば最高である。多少遅れても大丈夫、多少失敗しても大丈夫、何度でもやり直せばいいのだから。

お互いに焦らず、一つひとつ攻略していこう!

業績アップが得意な戦略コンサルタント

佐藤勝人

佐藤　勝人（さとう　かつひと）
１９６４年１２月栃木県宇都宮市生まれ。栃木県立宇都宮商業高校卒
２０００年、経営コンサルタント会社・日本販売促進研究所設立、代表取締役社長を務める。２００４年、サトーカメラ株式会社代表取締役専務に就任。
１９８８年、カメラ専門店を社員ゼロからスタート。家電安売り戦争で有名な栃木県で、業界初の超圧倒的シェア１番店を確立。平均年齢２５歳の個性豊かな若手社員を１３０名引っ張り、１５店舗にまで成長させる。カメラ売上８年連続北関東甲信越NO１を達成。独学で独自の見識を高め、実践をもとに、日本で初めて販売促進を通して、「経営者の考え＝社員＝売場＝商品＝お客様」をつなげる理論を体系化した。現場叩上げにして二束のわらじを履く、現在進行形の実戦派経営コンサルタント。
ありとあらゆる業種業態を対象に、チラシ戦略、販促戦略、マーケティング戦略、人材育成戦略、中小企業・中小店の経営戦略等々、幅広いテーマで、実戦的セミナー・講演などで活躍中。
著書として、『日本一のチラシはこうつくれ』（文芸社）がある。
講演・セミナー・個別指導等のお問い合わせは、日本販売促進研究所までFAX、またはメールにてお願いいたします。

栃木県宇都宮市簗瀬４－７－５
日本販売促進研究所
FAX０２８－６３４－０３３７
メールアドレスkatsuhito@satocame.com

チラシで攻めてチラシで勝つ！

平成17年４月４日　初版発行
平成25年５月28日　４刷発行

著　者　佐 藤 勝 人
発行者　中 島 治 久

発行所　同文舘出版株式会社

東京都千代田区神田神保町1-41　〒101-0051
電話　営業03（3294）1801　編集03（3294）1803
振替　00100-8-42935　http://www.dobunkan.co.jp

ISBN4-495-56641-5

印刷／製本：東港出版印刷
Printed in Japan 2005